地形で謎解き！

「東海道本線」の秘密

竹内正浩

中央公論新社

はじめに

今では東京・横浜と京阪神を公共交通機関で往復する人の大半が新幹線か航空機を利用する。わざわざ東海道本線を乗り通す人など、「青春18きっぷ」利用期間を除けば、存在しないに等しい。東海道本線の一部区間は、地方ローカル線の雰囲気さえ漂う。

だが、鉄道史全体を俯瞰《ふかん》したとき、東海道本線は80年近くにわたって日本の大幹線という地位に君臨した。

明治22年（１８８９）の全通当初、新橋（東京）〜大阪間は直通列車でも19時間かかった（新橋〜神戸間は20時間5分）。昭和５年（１９３０）に運転が始まった超特急「燕《つばめ》」は、全区間蒸気機関車運転ながら、東京〜大阪間の所要時間が８時間20分と大幅な時間短縮を果たしている（東京〜神戸間は9時間）。戦後の電車特急「こだま」になると東京〜大阪間はさらに短く、６時間30分運転を実現した。ところが今や、東京〜新大阪は新幹線「のぞみ」で2時間30分と「こだま」の半分以下、「燕」との比較にいたっては3分の１以下である。

ただし東海道新幹線は旅客専用である。昭和39年の新幹線開業後も東海道本線は貨物輸送の大動脈でありつづけた。ＥＨ10をはじめとする巨大な貨物機関車が数十両の貨車を牽引して驀進《ばくしん》するさまは、著者自身まざまざと記憶している。

東海道本線は、平時の旅客・貨物輸送のみならず、軍事輸送を通して、「戦争」という日本の国策さえ左右した。まがりなりにも日清・日露戦争を勝ち抜けたのは、東海道本線が全通しており、兵員や軍馬、軍需品の輸送路として機能したことが一因だった。鉄道による軍事輸送の歴史は、明治10年の西南戦争から始まっている。

全長６００キロ近い東海道本線が、最初からひとつながりの鉄道幹線として建設されたものではないと聞けば、驚くのではないだろうか。当初は別個の思惑で関東と関西の短い区間が建設され、それらをモザイクのようにつなぎ合わせて完成したのである。詳細は本文に譲るが、東海道本線には、全通までの建設経緯ひとつとっても、日本の近代史と直結した重層的なドラマが連なっている。

しかも、時は明治である。建設当初はトンネルや鉄道橋

琵琶湖のほとりに架かる瀬田川橋梁上の試運転の様子（明治22年）

の技術もなかった。当時の蒸気機関車は貧弱で、急勾配《きゅうこうばい》は上れなかった。そのため、山岳や大河が連なる東海道の建設ルートをめぐっては、さまざまな検討がなされ、試行錯誤の末に現行ルートになった。山岳地帯の横断は、ぎりぎりまで川が刻んだ谷をさかのぼり、峠の直下でようやくトンネルを掘る。河川の橋梁《きょうりょう》は、洪水の危険が少なく地盤が強固な場所に、最短距離となるよう流路と直角に架橋された。東海道本線は、地形が鉄道ルートを左右した時代の痕跡を最も多く残しているのである。新幹線のように地形に左右されずに長大トンネルを掘ったり、河川を斜めに横切る長大橋を架けたりすることなど、夢のまた夢だった。ともかく、地形を読み解くことで、鉄道敷設《ふせつ》ルート決定の謎は相当部分まで解けるのだ。

本書は、東海道本線全通までの約20年とその後の線路改良の歴史を俯瞰しながら、草創期の線路が敷設された経緯と、地形を考慮しなければならなかった事情について、できるかぎり解明したつもりである。

東海道本線は人口密集地に敷設されている。列車の本数も多い。身近なところから現地を訪れ、ぜひとも地形と線路の密接な関連性について、本書を手に確認していただきたい。

目次

京都駅構内の連動装置改良の際、電気転轍機とともに設置された西部信号橋（大正３年）

関東大震災からの復旧直後、根府川の白糸川橋梁を渡る下り列車。土石流災害の爪痕が生々しい（大正14年）

新築された名古屋駅にも「国民精神総動員」など緊迫した時局のスローガンが掲示された（昭和12年）

風光明媚だった由比〜興津間を走る上り寝台特急「あさかぜ」（昭和33年）

扉ページ写真
右上：御殿場線の箱根第二号隧道と伝説に彩られた線守稲荷（山北〜谷峨）
右下：揖斐川橋梁築堤下の甲大門西橋梁。蠱惑的模様は異界の入口（穂積〜大垣）
左上：最初の揖斐川橋梁は歩行者・自転車橋へと変貌。訪れる者を対岸へと誘う。
左下：金谷駅そばに口を開ける旧牧ノ原隧道。剥き出しの煉瓦が艶めかしい。

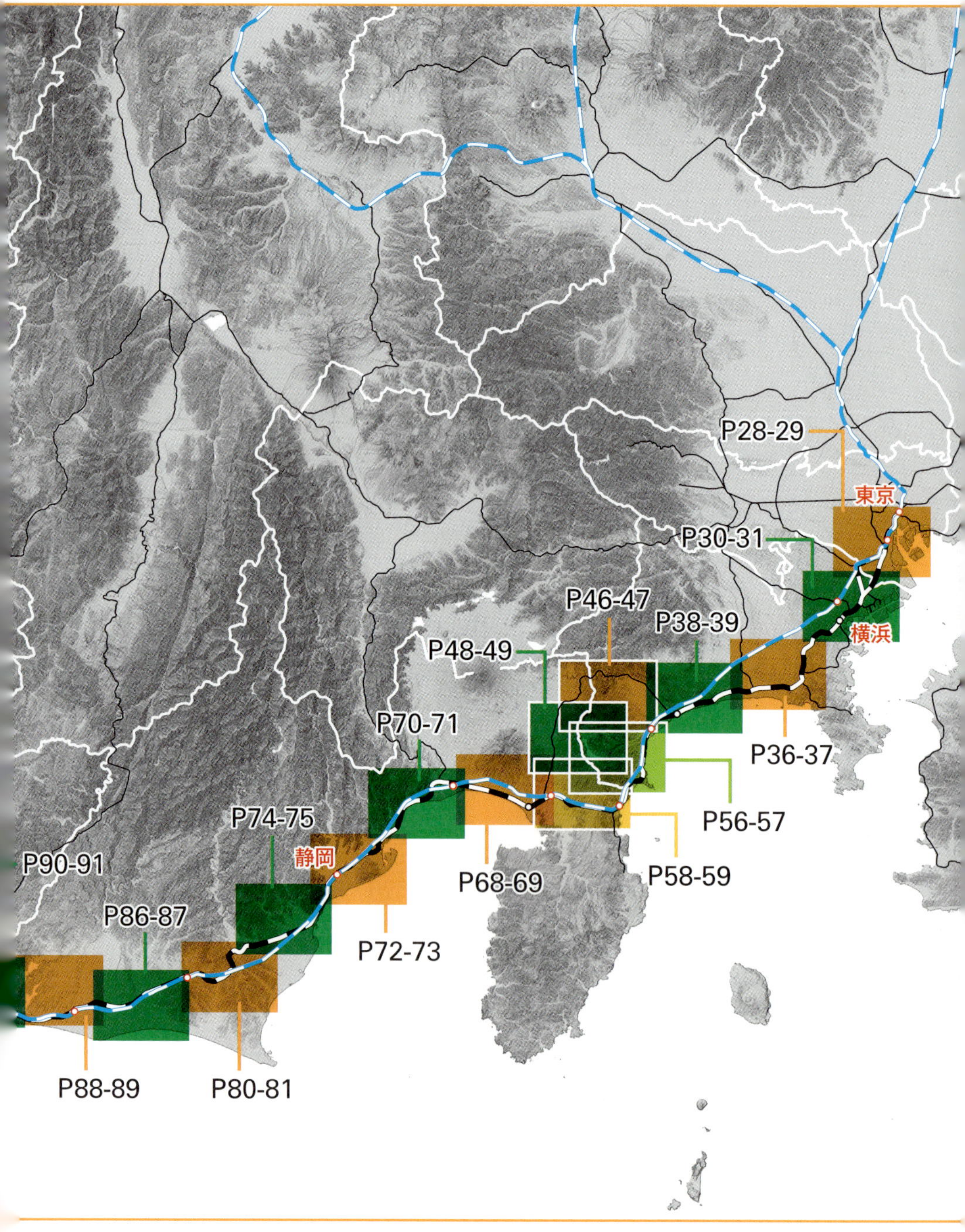
P28-29
東京
P30-31
横浜
P46-47
P38-39
P48-49
P36-37
P70-71
P56-57
P74-75
P58-59
静岡
P90-91
P68-69
P86-87
P72-73
P88-89
P80-81

索引図

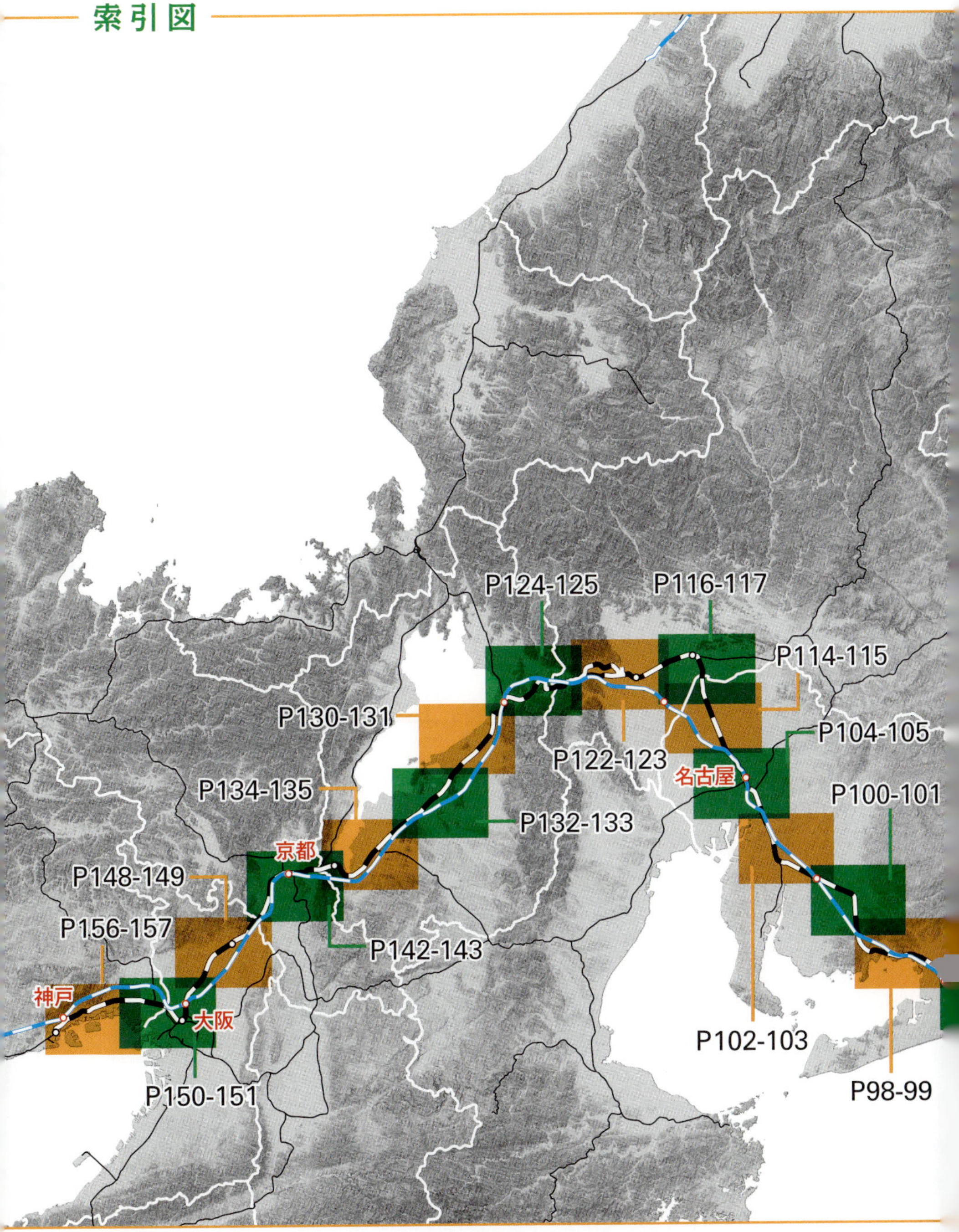

P124-125
P116-117
P114-115
P130-131
P104-105
P122-123
名古屋
P134-135
P100-101
P132-133
京都
P148-149
P156-157
P142-143
神戸
大阪
P102-103
P150-151
P98-99

レールを駆け抜けた群像

140年以上の歴史の中で多様な車両が多数登場した。
東海道本線で活躍した機関車や電車を一挙紹介！

7010形。阪神間、貨物主体。英国製(1874)

5000形。阪神間。英国製(1874)

150形。１号機関車。英国製(1872)

7950形。箱根越えで使用。米国製(1897)

6200形。旅客列車で活躍。英国製(1897)

860形。初の国産機関車。京阪神間(1893)

8900形。初の特急牽引。米国製(1912)

8850形。初の特急牽引。ドイツ製(1912)

6400形。急行列車も牽引。米国製(1902)

8620形。国産旅客。全国で使用(1914)

9600形。国産貨物。最後まで活躍(1913)

9750形。箱根越えで使用。米国製(1912)

C53形。当時の国産最大。特急を牽引(1928)

D50形。勾配線では旅客も牽引(1923)

C51形。巨大動輪を採用。「燕」も牽引(1919)

C62形。貨物用D52のボイラを転用(1948)

D52形。決戦型機関車として登場(1943)

D51形。1115両も製造された(1935)

※カッコ内の数字は本線走行開始年もしくは製造開始年。

EF52形。国産初の大型電機(1928)

EF50形。急行用として輸入。英国製(1923)

ED10形。東海道初の電機。米国製(1922)

EH10形。２車体の巨人機(1954) ©吉田浩

EF58形。万能機関車。御召機もある(1946)

EF10形。丹那開通後の国産貨物用電機(1934)

EF66形。高速貨物列車専用機(1968)

EF65形。ブルートレインで有名(1965)

EF60形。貨物用として広く活躍(1960)

151系。「こだま」で一世を風靡(1958)

モハ80形。湘南電車として登場(1949)

モハ52形。関西に登場した流線形電車(1936)

現役世代のスター

EF210形。「桃太郎」の愛称がある(1996)

EF66形100番台。外観が大変貌(1989)

EF64形1000番台。国鉄最後の新製(1980

JR西日本223系。新快速として活躍(1993)

JR東海313系。新快速にも使用(1999)

JR東日本E231系。上野東京ライン(2000

凡例

本書の地図の作成に当たっては、国土地理院長の承認を得て、同院発行の基盤地図情報及び電子地形図（タイル）を使用しました。（承認番号　平27情使、第858号）
地図の作成に当たっては、「カシミール3D」（DAN杉本氏作。http://www.kashmir3d.com/）を使用しました。

地図の縮尺はおよそ1km=1.4cm（5万分の1地図を70%に縮小）、7万1429分の1です。
地形の凹凸を表現するために使用した標高データはすべて現在のものであり、かつての地形を正確に表現しているわけではありません。

主な線は以下で示しています。

- 東海道本線
- その他の関係する在来線
- 新幹線
- 旧線（廃止線）
- 東海道（草津～京・三条大橋間は中山道も共用）
- 中山道
- 断層
- 先人の構想したルート

本書に掲載した古写真のうち、特記のないものは、『日本国有鉄道百年写真史』『国鉄歴史事典』（日本国有鉄道）からの引用、および国会図書館所蔵のものです。
本書記載の内容は2015年9月～2016年1月の取材に基づきます。その後の開発等により、現状と相違のある場合があります。

標高の色分け

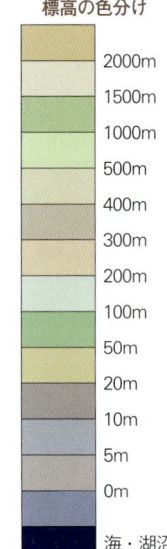

2000m
1500m
1000m
500m
400m
300m
200m
100m
50m
20m
10m
5m
0m
海・湖沼

地図作成　市川真樹子
ブックデザイン＋地図作成　平面惑星

第1部　東海道本線敷設史

当初の構想は「中山道鉄道」

まずは明治20年（1887）ごろの鉄道地図（次頁）を見てほしい。鉄道は、都市周辺の一部にしか敷設されていない。当時は、都市と港町あるいは炭坑と港町を結ぶ路線しか存在しなかった。「鉄道網」という言葉に象徴されるような、全国津々浦々の都市間に鉄道が張り巡らされるのは、後年の話である。

現在の日本で、本州中央の交通の大動脈として位置づけられているのが東海道であろう。だが明治10年代末まで、東京と西京（京都）を結ぶ「両京幹線」として構想されていたルートは、東海道ではなく中山道《なかせんどう》だった。事実、地図で目を引く上野〜横川間と岐阜〜長浜間は旧中山道沿線である。そして岐阜〜長浜の両端から延びる岐阜〜武豊《たけとよ》と長浜〜金《かね》ヶ崎《さき》（のちの敦賀《つるが》港）の路線は、中山道鉄道のための荷揚げ用支線としての性格を帯びていた。東京付近の新橋〜横浜の鉄道もまた同様で、当初は東海道線の一部として開業したのではなく、中山道幹線の荷揚げ用支線という性格を持っていたのである。なにしろ明治9年には華族組合に払い下げられる予定になっていたほどで、たまたま7年の年賦金支払いに支障を来《きた》したため、官営のまま留め置かれたというのが実情だった。

誕生したばかりの明治新政府の中で鉄道事業を強く推進したのが、長州藩から密航してイギリスに留学した経験を持つ伊藤博文《ひろぶみ》や井上勝《まさる》らである。特に井上勝は、伊藤と井上馨《かおる》が下関事件（長州藩による外国艦砲撃）の急報を聞いて帰国したのちもイギリスに残り、鉄道建設と運営に関する専門的技術を吸収している。新政府で伊藤の上席である民部《みんぶ》兼大蔵大輔《おおくらたいふ》の大隈重信《おおくましげのぶ》も鉄道推進派である。大隈と伊藤は、中央集権体制を確立するためには、交通手段の変革が必要という点で一致をみていた。

事態が動くのは明治2年11月5日（明治5年までは旧暦）である。永田町にあった三条実美《さんじょうさねとみ》（右大臣）邸に招かれたイギリス公使のハリー・パークスは、岩倉具視《いわくらともみ》（大納言）や沢宣嘉《さわのぶよし》（外務卿）、大隈重信、伊藤博文、井上勝らを前に

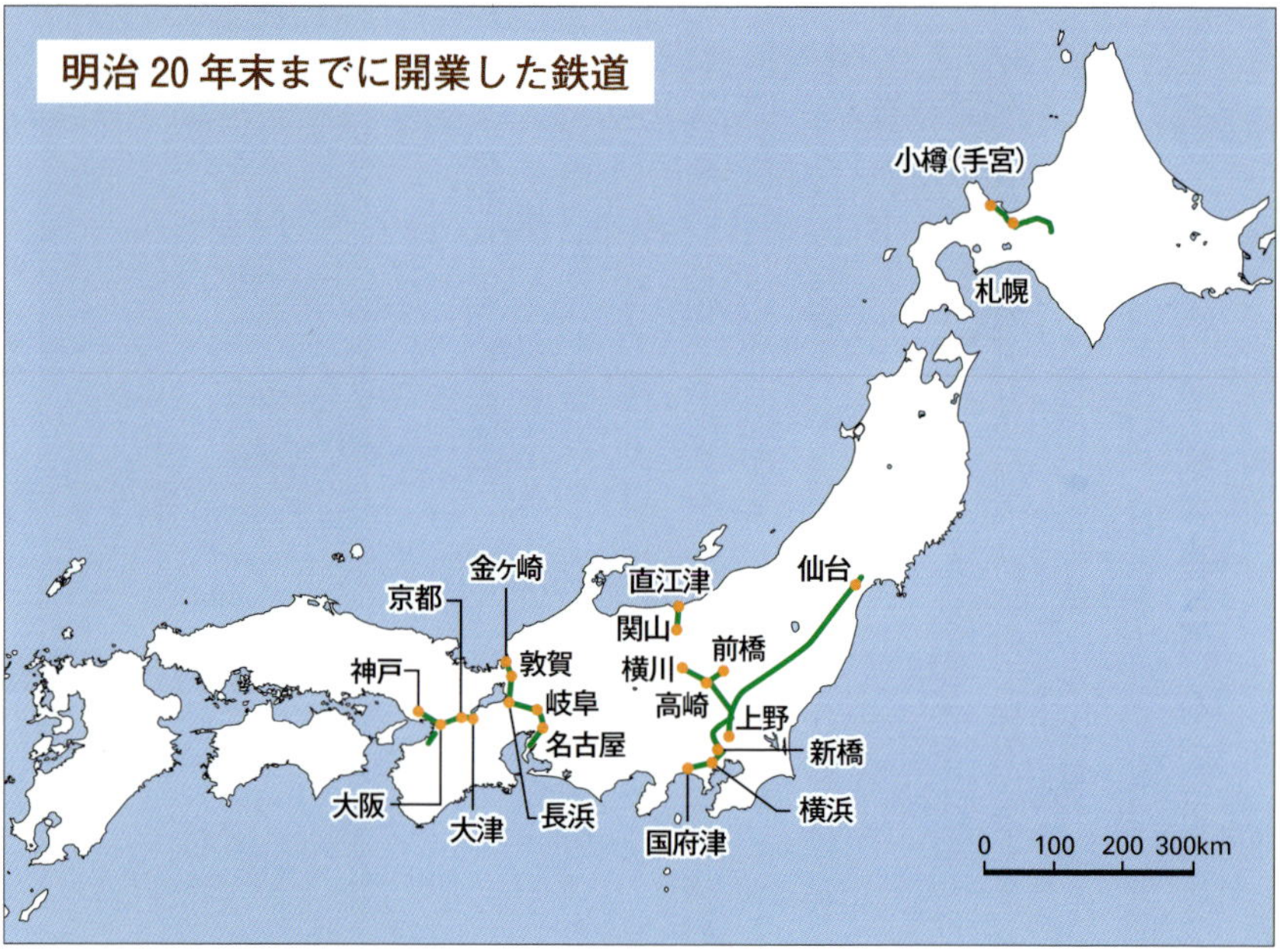

明治20年末までに開業した鉄道

熱弁をふるい、鉄道建設を推進すべしと進言する。いち早く明治新政府を承認したパークスは、新政府の要人から信頼を寄せられており、まるで政府顧問のような立場だった。

この日の会議で政府は鉄道建設の意思を表明し、具体的な細目は、来日予定のイギリス人技術者（御雇《おやとい》外国人）に依頼したいと要請。パークスは国家統一に果たす鉄道の政治的意義を述べ、東京と京都間が鉄道で結ばれれば人心も落ち着くだろうとした。

この日からわずか5日後の11月10日、太政官《だいじょうかん》（新政府）は正式に鉄道建設を決定する。鉄道建設区間は、東西両京を結ぶ幹線と、東京～横浜間、京都～神戸間、琵琶湖《びわこ》畔～敦賀間の各枝線だった。

建設反対一色に染まったのは、国防を担当する兵部《ひょうぶ》省とて同じだった。当時の兵部省を牛耳っていたのは、長州出身の前原一誠《まえばらいっせい》（兵部大輔）である。この時期、さまざまな立場の人物が鉄道建設の是非について賛否を述べたが、大多数が反対論だった。巨額の経費がかかることや植民地化への危険を訴える意見もあった。同年12月には、鹿児島から政府に請われて上京した西郷隆盛《さいごうたかもり》が改革意見書二十五箇条を提出したが、その中にも、巨額の費用のかかる鉄道事業を中止し、武備を充実するべきだという内容がみえる。

大久保利通《としみち》も実際に試運転列車に乗車（明治4年9月）するまでは、鉄道に懐疑的だったひとりである。ところが乗車した当夜の日記に、「実ニ百聞一見ニ如す愉快に堪す此便を起さすんは必す国を起すこと能はさるへし」という感想を書き留めている。初試乗した大久保の昂奮と愉悦の様子が伝わってくる。

両ルートの踏査に乗り出す

鉄道建設が決定した後も、東西両京を結ぶ幹線の経路は、決定をみていなかった。明治3年6月からその年いっぱい、鉄道掛職員の佐藤与之助《よのすけ》（政養《まさやす》）と小野友五郎《ともごろう》らに命じ、東海道ルートと中山道ルートの長所・短所をくわしく調査させている。

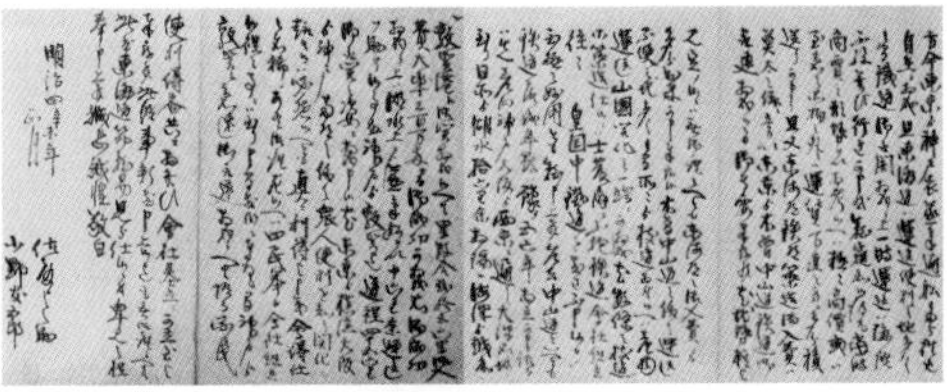

明治４年１月に上申した『東海道鉄道之儀ニ付奉申上候書付』

　最初の調査が終わった明治4年1月、両人は『東海道鉄道之儀ニ付奉申上候書付』を提出。幹線は中山道に建設するのが望ましいと結論づけていた。東海道筋は船便があり、街道の輸送も発達しているので、鉄道利用は見込まれる高額運賃からみても低いだろうと予測している。『東海道鉄道之儀ニ付奉申上候書付』には、『東海道筋鉄道巡覧書』が添えられていたが、それは敷設ルート案ともいえる詳細な内容だった。

　これとは別に、御雇外国人として神戸で建築師長の任にあたっていたイギリス人のR・ヴィカルス・ボイルに中山道幹線の調査を依頼し、二度にわたって中山道幹線の踏査を行わせている。

　ボイルは明治9年4月、『西京敦賀間並中仙道及尾張線ノ明細測量ニ基キタル上告書』を提出、次いで9月に『中仙道線調査上告書』を作成した。それによれば、東京〜京都間の幹線鉄道は、「中仙道ヲ以テ適当ノ地ト決定セリ」と結論づけ、中山道線とともに、信州の上田付近から松《まつ》代《しろ》・飯山《いいやま》を経て新潟にいたる経路の鉄道建設を主張していた。

　ボイルは言う。全国最良の道路で舟運も利用可能な東海道に比べれば、中山道は確かに道も悪く、交通は不便だ。それゆえ中山道に鉄道を建設すれば国土の開発に寄与し、東西両京の連絡のみならず、太平洋側と日本海側を結びつける利点がある——。

　建築師長として招いたボイルの年俸は、年1250円

（1250ドル）というもので、これは前任のモレル（建築師長）の年俸850円（850ドル）と比較して約1・5倍という厚遇である。現在の貨幣価値に換算するなら、おそらく数千万円は下るまい。だが高額な年俸もむなしく、ボイルの見積もりは甘かったというほかない。ボイルが提示した「中山道に鉄道敷設は十分可能」という迷妄は、こののち東西両京幹線のルートをめぐって、10年近く新政府を翻弄しつづけた。

ただ、鉄道ルートをめぐって揺れ動いたのは、議論の基盤となる地図がまったく未整備だったことも大きいだろう。なにしろ海岸線を記しただけの50年前の伊能図《いのう》（伊能忠敬《ただたか》が調査・編纂した日本地図）が現役の地図として機能していたほどなのである。

山県有朋の建言

「中山道幹線」の一部として明治13年2月に太政官から起工許可を受けた東京〜高崎間の鉄道は、測量が開始されたものの、着工にいたらぬまま、その年の11月、財政上の理由から認可取り消しとなってしまう。

こうした中、右大臣岩倉具視が、それまで独自に鉄道事業に向けて動いていた大名華族や士族、実業家をまとめて、日本初の私設鉄道である「日本鉄道会社」の設立をはかった。東京府から会社設立の仮免許状が下付されたのは明治14年8月。日本鉄道設立は、これまでもっぱら官営で進めてきた鉄道事業の大きな転換点となった。「中山道幹線」と位置づけられていた東京〜高崎間の鉄道も日本鉄道が建設することになった。

東西両京幹線問題は、明治15年に日本鉄道が東京〜前橋間で着工（工事は鉄道局に委託）すると、ますます中山道経由が優勢になっていった。まず、新規建設区間の差である。明治15年の段階で東京〜高崎間（日本鉄道）と長浜〜大垣《おおがき》間（官鉄）の建設の目処がついたため、中山道経由の新規着工区間は高崎〜大垣間で済む。しかし、東海道経由だと、横浜以西の全区間を新規に建設する必要があった。

決定への最後の駄目押しとなったのは、陸軍の重鎮山県《やまがた》有朋《ありとも》の意向である。当時、鉄道局の上部機関である工部省トップの工部卿代理（工部卿の佐々木高行が明治16年4〜7月、関西出張のため不在だった）を兼ねていた参議の山県は、明治16年6月、太政大臣の三条実美に「幹線鉄道布設ノ件」を提出した。この文書は、鉄道建設の意義を謳《うた》う一方、日本は細長い地形であり、周囲を大洋に囲まれ、いたるところに良港がある、そのため欧米諸国のような長大な鉄道は不要だとする。そしてこう結論づける。

「唯国ノ中央ヲ画シテ一幹線ヲ置ケハ足レリトス、即チ先ツ東西二京ノ間ニ一ノ幹線ヲ布キ、左右ニ枝線ヲ延《ひ》キ、以テ東西ノ海港ヲ連接セシメハ、事業全ク卒《おわ》ル者トス」

具体的には、東京～高崎～小諸《こもろ》～松本～鳥居《とりい》峠～木曽谷《きそだに》～加納《かのう》（岐阜）～長浜～大津《おおつ》～京都～大阪～神戸にいたる本州中央を縦断する幹線と、上田から松代・飯山を経て新潟に通じる路線、加納から名古屋に通じる路線、長浜から敦賀に通じる路線という3本の枝線の建設である。

工部卿不在中の「代理」とは思えぬ大胆な山県の建言（権力の所在を如実に示している）は、太政大臣、参議の閣議を経て承認され、明治16年8月6日、政府はあらためて中山道幹線の建設を内定した。

明治16年10月、政府は工部省に対して、中山道線の建設工事に着手するよう命令。翌年度分として50万円の支出を通達している。しかし当然ながらこれだけで資金がまかなえるわけはなく、前後3回にわたって計2000万円の鉄道公債を募集している。この公債は回を追うごとに人気を集め、4000万円以上の資金集めに成功した。

工部大輔兼鉄道局長だった井上勝もこの決定を喜んだひとりだった。井上は、中山道経由に決定した理由として、のちに以下の点を挙げている。曰く、東海道には箱根の嶮《けん》をはじめ、富士川・安倍川《あべかわ》・大井川・天龍川《てんりゅうがわ》などの大河があり、工事の難航が予想される。それに東海道は海岸沿いに位置しているため、すでに車馬や船の便が良く、わざわざ鉄道を引くまでもない。一方中山道は、山岳地帯にせよ途中の河川にせよ東海道より工事は容易で、幹線から分岐して一線を敦賀へ、もう一線を名古屋に延ばせば、太平洋側と日本海側を連絡でき、国家経済上きわめて有益である、と。

最終的には明治16年12月28日の太政官布告「中山道鉄道公債証書条例」をもって高崎～大垣間の鉄道敷設が確定している。鉄道の実務責任者だった井上勝は、最後まで一抹の不安を抱いていた。そしてその分、この日に喜びを爆発させたのであろう。のちに「当日の歓喜は生涯に又と無き事なりし」と述懐している。

鉄道幹線にいたるやり取りがきっかけとなったのだろう。太政大臣の三条は明治17年2月15日、鉄道を管轄する工部省に対し、「鉄道線の敷設・変更は軍事に関係するので、その決定に際しては陸軍省と協議すること」と通達した。

これ以降、陸軍が鉄道政策に直接関与・介入するようになっていく。

難工事の予感

中山道線各区間の工事計画が具体化するにつれて、長野・岐阜両県の地形が思いのほか険しく、建設工事が困難であることが判明してきた。その典型が、群馬・長野県境の横川～軽井沢間の碓氷《うすい》峠で、標高差はなんと552・5メートルあった。そのほかにも和田峠・塩尻《しおじり》峠・馬籠《まごめ》峠など、予定線には難所が目白押しだったのである。

明治17年5月、鉄道局長だった井上勝は、懸案だった地域を精力的に見て回った。このときの記録『武上信三勢濃江尾城摂越之前後巡回日誌』によれば、左頁に掲げた経路で巡察を実施し、多数の鉄道誘致の陳情を受けている。

この経路を眺めると、井上勝がどんな区間に関心を抱いていたかがよくわかる。上野から小諸までは、中山道幹線の経路をたどったものであり、飯田から伊那谷《いなだに》を下り、奥三河《みかわ》の田口《たぐち》から豊川《とよかわ》、御油《ごゆ》までたどったのは、ひとつには東海道に出るためだろうが、中山道幹線の伊那谷ルートの実現を探った可能性も捨てきれない。名古屋から多治見《たじみ》までたどったのは、中山道幹線の名古屋起点のルートを探った可能性がある（後年の中央本線は、中山道沿いではない名古屋～多治見に敷設）。岐阜から桑名、四日市《よっかいち》を経て大垣に出たのは、資材運搬線（日本海～太平洋ルートの一環という意味もあった）として計画された四日市線のルートと重なる。復路で木曽谷をさかのぼって上田までめぐったのは中山道幹線、長野から須坂・飯山回りで新潟まで出たのは、中山道幹線から分岐して直江津《なおえつ》にいたる鉄道（のちの信越本線）の経路である。最後に新潟から六日町《むいかまち》を経て、清水峠を越えて伊香保《いかほ》経由で戻っているのは、上州と越後を直結する新線の可能性を探ったとみることもできる。

最初に東海道ルートへの変更を主張したのは、鉄道局二等技師の原口要《かなめ》だったようだ。原口の方から東海道の調査を願い出、明治18年2月に井上は、ひそかに東海道に原口要とその部下で技手の山村清之助を派遣し、測量と調査を始めさせた。井上自身、明治17年の視察で中山道ルートの難工事の予感を深めたことは大いに考えられる。

原口と山村は、行く先々で持参の軽便至高器を用いて路《ろ》盤《ばん》の高低を測り、最大の難所と予想された山北《やまきた》～御殿場《ごてんば》間は10日余りかけて測量している。この結果、箱根越えで40分の1（25パーミル〔1000メートル進むと25メートル上る〕）の勾配《こうばい》が発生するもののそれ以外は100分の1（10パーミル）以内の勾配に収まることが判明。原口は『東海道線調査報告書』と図面を提出し、東海道線敷設費用を

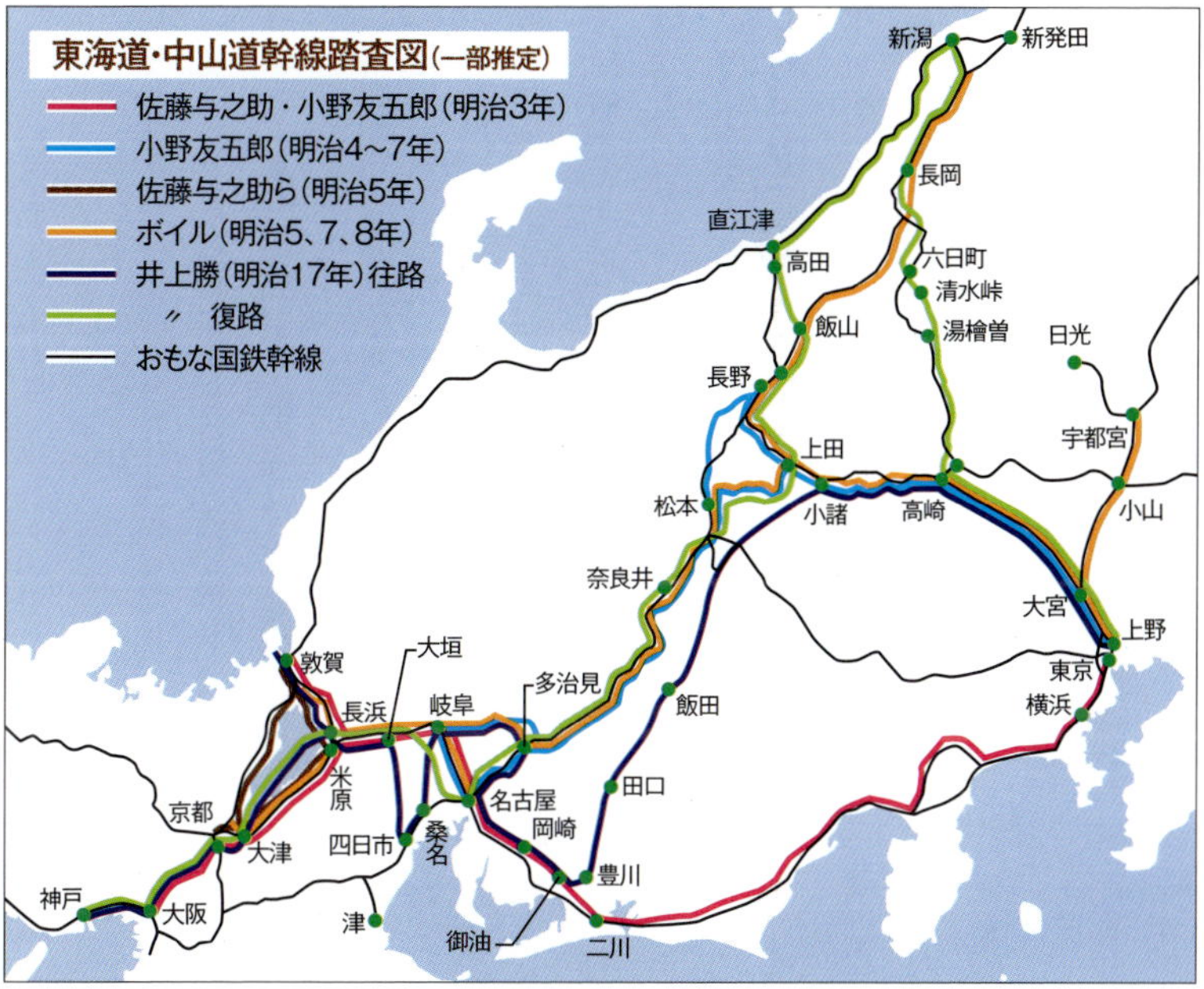

1000万円と見込んだ。この数字は、中山道ルートよりずっと少ない。井上勝が、中山道から東海道への路線変更を決意したのは、この報告書の影響が大きかった。

同時期には、建設が決まっていた中山道中部にも三等技師の南清を派遣して実測を行わせた。平坦地が少なく、険しい山がつづく中山道の鉄道建設は、完成までに年月を要するばかりか、多大な建設費がかかることが予想され、列車運行も困難が見込まれた。

井上は明治19年初頭、東京~名古屋間の未着工部分における中山道ルートと東海道ルートの建設条件を比較してみた。すると、中山道経由が優れていた点は皆無で、総工費・トンネル・勾配など、すべて東海道に軍配が上がった。未着工区間は東海道ルートの方が長いのだが、中山道の総工費が1500万円見込まれるのに対し、東海道は1000万円以下で済み、中山道の建設期間が、仮に途中で自然災害がなかったとしても完工まで7~8年以上かかるのに対し、東海道はその半分足らずで完成可能。開業後の列車所要時間も、中山道ルートだと東京~名古屋間が20時間を要するのに対し、東海道ルートでは15時間以内と見積もられた。圧倒的な差である。中山道ルートは、勾配も当時の設計上最急勾配である40分の1(25パーミル)を大きく超えて30分の１（33・3パーミル）以上の急勾配が見込まれるとした（実際は横川〜軽井沢間で想定の倍の15分の１（66・7パーミル）に達した）。東京〜名古屋の距離で比較すれば、東海道ルートの方が20哩《マイル》（当時の単位。約32キロ）ほど短縮できるうえ、心配された箱根の嶮も、御殿場方面に迂回《うかい》することで勾配問題を解決できる目処がついた。

17年後、まさかの大逆転

この時期になると、井上勝の中山道ルートに対する評価は、「全部がトンネルといってもいいくらい」で、「その土地は磽确不毛《こうかくふもう》（石だらけで不毛の地）にして、窮郷僻邑《きゅうきょうへきゆう》（辺鄙な村）ばかり」、「難工事に巨額を費やしたところで鉄道の価値を失うだけ」と散々なものになった。

井上は、総理大臣の伊藤博文に「中山道鉄道ノ儀ニ付上申」を提出して、両京の幹線鉄道を東海道経由に変更すべきことを上申。その中では、中山道と東海道の優劣、さらに東海道に変更した場合の建設資金もすでに公募した鉄道公債の残金１０００万円で可能なことを述べていた。

井上の上申は明治19年7月13日の閣議で可決、翌日裁可され、19日に公布された。表には出なかったが、明治19年春、井上が陸軍の巨頭である山県有朋に幹線変更の件を根回しし、あらかじめ諒解を得ていたことが大きかった。

最初の「両京幹線」構想から17年後、ようやく東海道線建設が公式に決まった。「東海道鉄道」が7月19日に公布されて間もない7月22日、早くも測量が始まり、11月ごろから順次着工。明治22年4月16日の静岡〜浜松間の開通により、未完成だった横浜〜大府《おおぶ》間が結ばれ、東京と京阪神を結ぶ幹線鉄道が、明治2年の計画浮上から20年でようやく実現したのである。とはいえ、東海道の未着工部分に限ってみれば、着工からわずか3年足らずで開業。予定より1年以上早い完工だった。

琵琶湖水運による連絡船に頼っていた長浜〜大津間の鉄道（湖東線と仮称）も明治21年5月に着工され、翌22年7月1日に開通している。湖東線の開通により、新橋〜神戸間３７６哩《マイル》31鎖《チェイン》（約６０５・７キロ）が全通。新橋から神戸までの直通列車の運転も始まった。所要時間は20時間余りかかったが、当時の感覚では驚異的なスピードだった。

井上勝が幹線鉄道の中山道から東海道経由への経路変更を申し出た際、総理大臣の伊藤博文に向かって、「明治23年の帝国議会開設までに全通させ、代議士をこの東海道線で運んでみせる」と豪語したが、その約束は、期限まで1年以上を残して達成されたのである。

東海道本線年表

年月日	
明治	
2.11.10	東西両京を結ぶ鉄道幹線と、東京～横浜、琵琶湖～敦賀港の支線建設を決定。
3. 3.19	東京築地の旧尾張藩下屋敷に、民部大蔵省の下、鉄道掛を設置。
3.25	汐留(新橋)～横浜間の鉄道測量に着手。
7.30	大阪～神戸間の鉄道測量に着手。
閏10.20	工部省新設、鉄道掛は工部省に所属替え。
4. 8.14	工部省の機構改革、鉄道掛に代えて鉄道寮を設置。井上勝、工部省鉱山寮鉱山頭兼鉄道寮鉄道頭に就任。
5. 2.15	京都～大阪間の鉄道建設を布告。
5. 7	品川～横浜間仮開業。
9.12	新橋～横浜間開業（天皇行幸）。翌日から営業開始。
6. 7.22	井上勝、鉄道寮の大阪移転を反対され、鉄道頭を依願免官。
7. 1.10	井上勝、鉄道頭に復職、翌日工部少輔となる。
2.27	鉄道寮を大阪に移転。
5.11	大阪～神戸間開業。
10. 1.11	工部省の機構改革、鉄道寮に代えて鉄道局を設置。井上勝、鉄道局長に就任。
2. 5	京都～大阪間開業（天皇行幸）。翌日から営業開始。直後に西南戦争勃発。
13. 7.14	大津～京都間開業（天皇行幸）。翌日から営業開始。
14. 6. 1	鉄道局を神戸に移転。
8.11	井上勝、工部大輔に就任。
15. 5. 1	長浜～大津間を結ぶ太湖汽船が設立され、旅客・貨物の連絡輸送を開始。
16. 5. 1	関ヶ原～長浜間開業。
8. 6	東西両京を結ぶ鉄道幹線、中山道経由（東京～高崎～大垣～京都）に内定。
17. 5.25	大垣～関ヶ原間開業。
18.12.28	権限を強めた鉄道局長官が置かれることとなり、井上勝が初代長官に就任。
19. 2. 1	鉄道局、神戸から東京に再移転。
6. 1	この日までに武豊～熱田～木曽川間開業。
7.19	東西両京を結ぶ鉄道幹線は、中山道から東海道経由に変更決定。
20. 1.21	加納（現・岐阜）～大垣間開業。

年月日	
20. 1-3	陸軍に招聘されたメッケル、『日本国防論』執筆。
4.25	木曽川～加納間開業。
7.11	横浜～国府津間開業。
21. 4.	参謀本部陸軍部『鉄道論』刊行。
9. 1	浜松～大府間開業。
22. 2. 1	国府津～静岡間開業。
4.16	静岡～浜松間開業。
7. 1	関ヶ原～米原～馬場（現・膳所）間が開通し、東海道鉄道が全通。
23. 9. 6	内務省に鉄道庁が設置され、井上勝が鉄道庁長官となる。
24.10.28	岐阜県南西部を震源とする濃尾地震。名古屋・一ノ宮・大垣などの駅舎全壊。木曽川・長良川・揖斐川橋梁大破。一部区間の不通が半年つづく。
25. 7.21	鉄道庁が逓信省に移管され、大幅に権限縮小。
26. 3.16	井上勝、鉄道庁長官を依願免官。
28. 2.23	全国の官営鉄道の線路名称統一、正式に「東海道本線」となる。
大正	
2. 8. 1	全線複線化完成。
7. 8. 1	貨物支線（北方貨物線）吹田～神崎（現・尼崎）間開業。
10. 8. 1	馬場～京都間の新線が完成。
12. 9. 1	関東大震災。横浜駅舎など焼失、根府川駅構内で列車海中転落など大きな被害。
14. 3.25	この日までに国府津～熱海間の新線（通称・熱海線）開業。
昭和	
9.12. 1	丹那トンネルが完成し、熱海～沼津間の新線開通。旧線は御殿場線に。
17. 3.20	新丹那トンネル熱海口で、東京～下関の新幹線（「弾丸列車」）起工式。翌年工事中断。
19.10.11	大垣～関ヶ原間下り線の勾配緩和新線開通。
20. 2-8	空襲や艦砲射撃により、鉄道施設の被害相次ぐ。
31.11.19	この日の米原～京都間電化で、全線電化完成。
34. 4.20	新丹那トンネル熱海口で東海道新幹線の起工式。
39.10. 1	東海道新幹線、東京～新大阪間開業。

井上勝

井上勝は、生涯を鉄道の発展に捧げ、日本の鉄道の基礎を築き上げた人物である。井上がいなければ、おそらく日本の鉄道はまったく別の道を歩んでいたにちがいない。

天保14年（1843）に長州藩士の家に生まれ、嘉永元年（1848）に野村家の養子となり、野村弥吉《やきち》と名乗る。文久3年（1863）に藩の密命で伊藤博文、井上馨、山尾庸《やまおよう》三《ぞう》らとひそかにイギリスに渡り、UCL（現在のロンドン大学の中核校）で鉱山・土木工学を学んだ。

明治元年（1868）に帰国、井上姓に復し井上勝となる。明治2年10月大蔵省造幣頭兼民部省鉱山正に任官。明治5年7月には鉄道頭《てつどうのかみ》専任となり、9月の鉄道開業式典では、工部少輔《しょうふ》山尾庸三とともに明治天皇を列車まで先導している。その後、鉄道寮の大阪移転を実現させ、みずから大阪に赴いて阪神間および京阪間の建設工事にあたった。

明治18年12月、鉄道局の東京移転が決まり、内閣制度発足とともに内閣直属の鉄道局長官兼技監となった。鉄道局の移転先は赤坂霊南坂《れいなんざか》町で、赤坂榎坂《えのきざか》町の井上勝邸（アメリカ大使館の西隣）とは至近距離だった。東海道鉄道全線開業直後の明治23年、鉄道局は内務省に移管され鉄道庁となり、井上は鉄道庁長官となったが、このころが最も権勢を誇った時期だったろう。鉄道庁発足後は一度も出勤せず、自宅で執務していたという。帝国議会の呼び出しにも応じなかった。

明治24年7月には、これまでの井上路線の総決算ともいうべき、鉄道国有論を柱とした、国家主導による鉄道網建設と運営管理をめざす「鉄道政略ニ関スル議」を内閣に提出。翌年6月に「鉄道敷設法」として成立したが、私設鉄道の新設や帝国議会（つまり政治家）の関与を認めるなど、井上の意図は一部骨抜きにされていた。しだいに内閣や議会との対立を深めた井上は、明治25年7月の鉄道庁の逓信《ていしん》省移管で長官権限を大幅に狭められ、明治26年3月に退官している。政府に対する抗議の辞任という見方がある一方、事実上の更迭という一面も否定できない。明治29年、大阪に汽車製造合資会社（現在は川崎重工に合併）を設立して社長に就任、以後は

左：留学先で作業衣姿の若き井上勝（当時は野村弥吉）。井上が晩年まで大切に所蔵した一葉。
下：渡欧直前に赤坂の自邸で撮影された最後の姿（以上『子爵井上勝君小伝』より）

機関車の国産化に精力をかたむけた。明治24年には盛岡近郊に小岩井農場を設立し、経営にも携わっている。

鉄道院顧問に就任した明治43年、日英博覧会や鉄道視察を目的として、シベリア鉄道経由で渡欧を果たす。42年ぶりに訪れたロンドンで帰国直前に腎臓病を悪化させ、同地で死去。葬儀委員長は、留学をともにした井上馨が務めた。鉄道を見下ろすように建つ井上勝の墓（品川東海寺《とうかいじ》の大山墓地〔境外墓地〕内）は、生前の井上みずから選んだものである。

鉄道官庁の変遷

日本の鉄道を所管する官庁は、明治4年（1871）8月に設置された工部省鉄道寮に始まる。鉄道寮は井上勝の建言で明治7年に大阪の堂島に移転。明治10年1月に鉄道局と改称するが、そのまま大阪に留め置かれた。このとき東京新橋にあった運輸課を新橋鉄道局、神戸出張所を神戸鉄道局に改称している。明治14年6月に鉄道局は大阪から神戸に移転。再び鉄道局が東京に復帰するのは、明治19年2月まで待たねばならない。関東の官鉄敷設が明治19年まで停滞してしまったのに対し、関西の官鉄がその間も距離を延ばしていくことができたのは、鉄道寮の大阪移転が大いに寄与していた。鉄道寮発足直後の明治4年9月に91名だった職員の数は、東海道鉄道全通を控えた明治21年3月には1004人と、10倍以上に膨張している。

鉄道局は、明治23年に内務省の鉄道庁に改組されたが、明治25年には逓信省所管に変わり、権限が狭められた。井上勝退官後の明治26年11月、鉄道庁は廃止されて逓信省の内部部局（鉄道局）となり、さらに権限が縮小。鉄道局の現業部署が明治30年に逓信省の外局の鉄道作業局に分離され、鉄道局は監督行政のみとなる。鉄道が商売になる、選挙の「票」になる、と思われたころから政治介入が露骨になり、鉄道行政も迷走を深めた。相次ぐ所管変更はそれを物語っている。

明治41年12月、鉄道局と帝国鉄道庁（鉄道作業局を改組）を統合した鉄道院が後藤新平《しんぺい》の主導で新設され、再び内閣の直属機関となり、大正9年（1920）、政友会の原敬《はらたかし》内閣は、鉄道院を鉄道省に昇格させている。大戦中の昭和18年（1943）11月、輸送体制を統合する目的で海運を所管していた逓信省と合併して運輸通信省に。昭和20年5月には運輸省に改組されて終戦を迎えることになる。公共企業体としての日本国有鉄道（国鉄）が誕生するのは、占領期の昭和24年である。

弾丸列車計画

「新幹線」といえば、戦後発展を象徴するプロジェクトのようだが、新幹線計画自体は、昭和10年代から具体化していた。それが〝弾丸列車〟というフレーズで有名になった戦前の新幹線計画である。

この計画の背景には、「日満支連絡」（日本と満洲・中国を結ぶ交通網整備）が叫ばれたことや東海道本線の旅客・貨物需要の逼迫があった。

昭和13年（１９３８）12月、鉄道省の企画委員会に鉄道幹線調査分科会が設立され、東海道本線と山陽本線の輸送力強化に関する調査研究を開始。翌年には鉄道幹線調査会へと発展、輸送力拡大のための方策が具体的に検討されるようになり、11月には、「東海道及山陽本線ニ於ケル国有鉄道ノ輸送力増大方策ニツイテ」と題した、早期に別線の高規格鉄道を敷くことが必要であるとの答申がまとめられた。

新幹線計画は、昭和15年1月の鉄道会議（路線などの鉄道事業の方針を決定づけた組織）と帝国議会の議決を経て、本決まりとなる。この時点では、建設期間を昭和29年までとする15年計画だった。

東京から下関に至る途中駅の構想やルートもほぼ決定していた。鉄道省案では、所要時間は、東京～下関間9時間、東京～大阪間4時間半とされたが、東京～大阪間を3・5時間で走る時速２００キロの「特殊列車」を運行するよう求める要望もあった。ほとんど戦後の新幹線並みである。

実現した新幹線と戦前の計画が大きく異なる点は、電車ではなく機関車による客車牽引、貨物列車の運行、電化区間を一部にとどめていたことである。静岡～名古屋間が非電化区間とされたが、敵艦船による艦砲射撃の危険を避けたためである。

昭和17年3月20日に熱海の新丹那隧道《しんたんなずいどう》予定地で起工式が行われたものの、戦局が厳しさを増した昭和18年末には、工事は中断に追い込まれた。しかし、途中の相模川～早川、伊豆山～函南《かんなみ》、二川《ふたがわ》～蒲郡《がまごおり》間など一部区間の買収が完了していたほか、日本坂《にほんざか》、星越《ほしごえ》、東山《ひがしやま》の各トンネルは貫通しており、戦後の東海道本線電化にともなうトンネル改修時の迂回路や線路増設に寄与している。

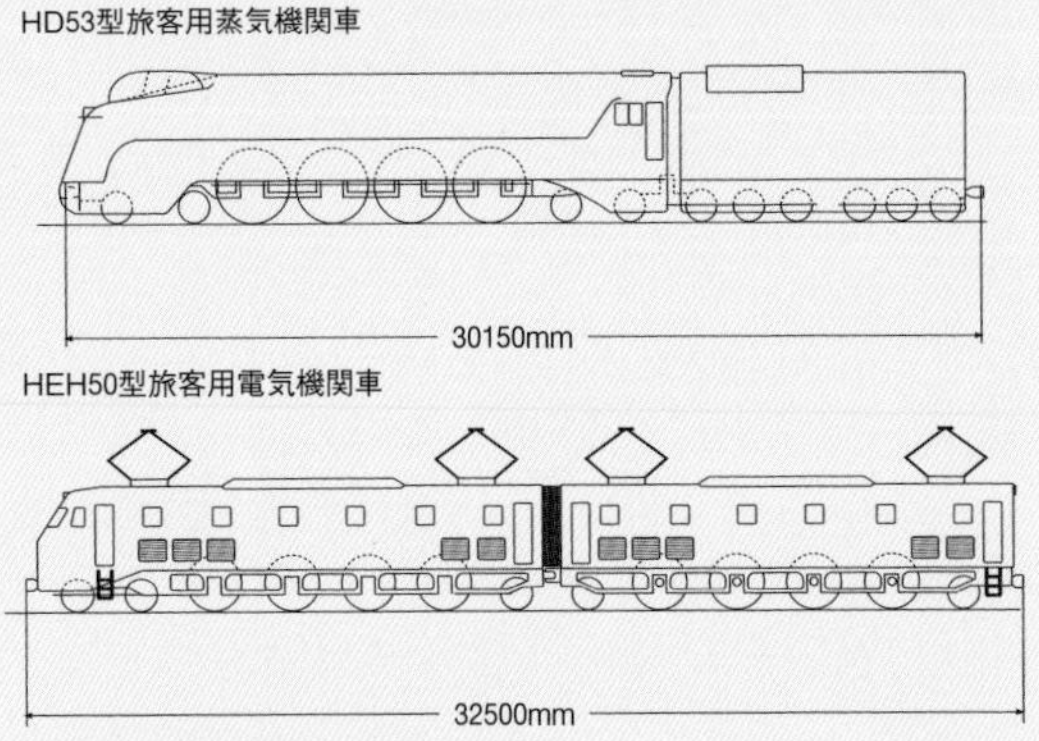

いわゆる弾丸列車計画で計画された機関車の一部。旅客列車を牽引する蒸気機関車の動輪直径は2300ミリと、日本最大になるはずだった（日本国有鉄道編『鉄道技術発達史　第１篇』1958をもとに作成）

第2部　路線解説

ここからは、東京から神戸までの東海道本線の全区間を14に区切って、敷設にいたるまでの諸事情を解説していく。語られる内容は、地形の特徴や地理的事情にとどまらず、歴史的経緯や当時の政治状況、さらに人的関係まで多岐にわたる。実現しなかったルートも多数紹介しているが、なぜ線路を敷設できなかったのかについても推理・考察する。思いもよらないルートがいくつか登場するが、もしここに東海道本線が敷かれていたらと空想するのも楽しいだろう。

◉東京〜横浜

東京駅は、東海道本線全通当初は存在しなかった。現在の汐留《しおどめ》にあった新橋停車場が当初の東京側の始発駅だった。東京駅から現在の新橋駅（開業当初は烏森《からすもり》と呼称）の先まで約4キロにわたって延びる赤煉瓦《れんが》の高架線は、明治42年（1909）から翌年にかけて建設されたもので、東海道本線全体の歴史の中では比較的新しい。

新橋〜横浜間は、17哩《マイル》77鎖《チェイン》（約28・9キロ）という距離にすぎない。だが初めての鉄道敷設とあって、建設は難渋をきわめた。反対運動も起きたらしく、高輪《たかなわ》付近では測量すら拒否されたため、やむをえず芝浦の海中に1・65哩（2655メートル）にわたって築堤《ちくてい》を構築して線路を引いている。築堤は土を盛り上げ、石垣護岸を施した。築堤の高さは3〜4メートル程度、築堤の幅は最上部で21呎《フィート》（6・4メートル）というから、複線が敷設できる余裕があった。この区間の鉄道線（一番陸側）は、明治初期の芝浦の海岸線を表しており、きれいなカーブを描いている。

明治3年3月17日に鉄道建設の線路測量が、東京府と品川・神奈川両県（品川県は明治4年11月に廃止され、東京府と神奈川・埼玉両県に分割）に布達された。六郷川《ろくごうがわ》（多摩川）を境に南北で測量を二分し、新橋側が工部省鉄道寮建築副長ジョン・ダイアック、横浜側が工部省鉄道寮建築副長ジョン・イングランドを責任者として、競うように測量にあたらせた。東京側は3月25日に芝口汐留付近の測量から開始され、6月中に測量作業を終えている。

建設工事を担当したのは、設置されたばかりの鉄道掛で、薩摩出身の上野景範《かげのり》が初代の鉄道掛総理に就任し、建築師長に就任したエドモンド・モレル、工部権大丞《たいじょう》兼鉱山正となった井上勝らとともに工事の指導にあたった。モレルは、建設中の明治4年9月23日、30歳という若さで結核により病没。横浜の外人墓地に葬られた（墓碑は鉄道記念物）。ダイアックとイングランドものちに日本で没し、同じく横浜の外人墓地に眠っている（墓碑は準鉄道記念物）。

最初に鉄道が開業した新橋停車場は、かつての仙台藩伊《だ》達《て》家、播磨龍野藩脇坂《わきさか》家の上屋敷と会津藩松平家の中屋敷の広大な用地があてられた。現在の汐留の高層ビル群とほぼ重なる一帯である。車両・資材のほとんどはイギリスから輸入され、横浜港が陸揚げ港となった。そのため、港近くの横浜停車場付近には組立作業場が建設され、新橋停車場構内には修繕場が設けられた。このとき建設された新橋工場の一部は、大正4年（1915）の大井工場移建を経て、博物館明治村に移築されている。

明治3年3月の測量から始まった六郷川以南の工事も順調に進捗し、明治4年10月上旬には横浜から六郷川までの7003間（12・7キロ）が開通している。

横浜にもやはり海中を通る築堤が建設された。神奈川（宿）から横浜停車場に向かう区間である。途中には袖ヶ浦（平沼）と呼ばれた入江があったため、その入口を土橋のように埋め立て、中央に鉄道用の築堤を構築して横浜停車場へと横断している。

このとき築堤整備に私費を提供して協力したのが高島嘉《か》右衛門《えもん》で、高島自身鉄道経営に強い意欲を持っていた。埋め立てにあたっては、鉄道用地と道路を提供する代わり、隣接する埋め立て地の土地の権利を得る条件だった。築堤用の土砂は、神奈川側が北西の神奈川台（飯綱山、のちの高島山）西裏から、横浜側が、戸部《とべ》伊勢山から確保したようだ。このとき誕生したのが高島町で、今も残る横浜駅近くの高島町駅や高島（西区）という住居表示は、高島嘉右衛門に因《ちな》んだものである。嘉右衛門の屋敷があった高台は、高島山と呼ばれた（現在の神奈川区高島台）。

大量の土砂を運搬する手段のなかった当時、埋め立て用の土砂は近隣から用立てられた。そのため、東京から横浜にかけての海岸部にあった山や丘の多くは、黒船来航にともなう台場築造や明治初期の鉄道とその後の埋め立て用に削られた痕跡を明瞭に残している。

鉄道開業から42年後の大正3年、新橋に代わる新しい中

上：明治初年の高輪海岸。右に見えるのが鉄道の築堤。海岸沿いに東海道の家並みが連なる。　下：現況。左側２列の線路が明治の築堤付近。なお品川駅の７～10番線は、大戦中に軍用ホームとして誕生。

上：明治13年ごろ、新橋に停車する旅客列車。　下：開業当初の新橋機関車庫。転車台は人力で動かした。白服の人物は、運転を担当した御雇外国人。明治35年には構内に火力発電所も完成。

明治末期の品川停車場。操車場の埋め立て開始前（『日本写真帖』）

上：開業当初の品川停車場を、鉄道開通に際して架橋された八ツ山橋から撮影。　下：現況。八ツ山橋のすぐ北を京急線が横切る。

大井工場の現況（東京総合車両センター）。高台を５ｍ以上削って平坦地を造成。土砂は品川の操車場埋め立てに使用。

右上：当初の六郷川橋梁。木造だった。
右下：明治10年に架け直された六郷川橋梁。明治45年まで使用。　上：三島駅北のＪＲ東海総合研修センター構内に保存されている旧六郷川橋梁。御殿場線区間の第二酒匂川橋梁に転用される際、単線用橋梁に改造されたため、幅が狭い。

央停車場の東京駅が開業すると、それまでの新橋は汐留貨物駅となり、新橋にあった操車場は品川に、工場は大井にそれぞれ移転することになった。品川停車場の北側に新設される操車場用地の埋め立てが鉄道院によって施工されたが、埋め立てに用いられた土砂は、品川操車場とほぼ同時期（大正4年）に開場した大井工場予定地から採取している。大井工場の造成にあたって、比高10メートル近い丘を切り崩して広大な平坦地を造成したのだが、削った土砂を品川操車場建設に用いたのである。

　新橋〜横浜間は、勾配の問題はほとんど発生しなかった。ただし河川の多さには閉口しただろう。なにしろ陸橋や架道橋まで含めれば、23本（六郷川は水面の上に架かる本橋と河川敷に建設された避溢橋《ひいつきょう》をそれぞれ1本と数えた）もの橋梁を必要としたのである。平均1キロに1本強の割合である。工期の問題もあって、欅《けやき》材で架橋された六郷川を含めて、すべて橋脚や基礎部分に石材を用いた木橋を建設した。ただし、急速な老朽化や複線化の必要から、明治10年代前半にすべて鉄橋に架け直されている。

　この区間で最長の六郷川橋梁も、開業から5年目の明治10年11月に鉄橋に架け替えられた。このときの橋桁《はしげた》は、明

上：高島嘉右衛門の功績を顕彰する「望欣台」碑。高島邸に建立されたが、高島山公園に移建。下：一時アメリカ領事館となった本覚寺山門。山門の獅子鼻には、領事館当時の白ペンキがかすかに残る（右）

現在の六郷川橋梁。昭和46年に架け直された４代目である。

開業当時の横浜停車場（現在の桜木町駅の位置）。駅舎建築は新橋とまったく同一。手前は大岡川に架かる弁天橋（明治４年架橋）

治45年、東海道線の複々線化（京浜線増設）に際して外され、大正4年に神奈川県の第二酒匂川《さかわがわ》橋梁（現在は御殿場線内）に再利用された。この橋も最初の架橋から88年目の昭和40年（1965）に撤去され、愛知県犬山市の博物館明治村と中央鉄道学園三島分教所（現在はJR東海総合研修センター構内）に一部移設されて残る。

六郷川橋梁開通直後の明治5年5月7日からは、品川〜横浜間14哩62鎖（23・8キロ）の仮営業が1日2往復（翌日から6往復）で始まっている。所要時間は上り下りとも35分だった。

明治5年5月27日には東京の始発となる汐留停車場が新橋と改称された。最後まで残っていた新橋付近の二つの橋梁も6月25日に完成し、7月25日には新橋〜品川間の線路敷設が完了する。

明治天皇臨御のもと、開業式典が新橋と横浜で盛大に挙行されたのは、明治5年9月12日（1872年10月14日）である。開業当初の列車は1日9往復、所要時間は53分だった。現在の新橋〜横浜間は所要25分だから、遅く感じるかもしれない。だが、当時の京浜間の最速の交通機関が東京の永代島《えいたいじま》と横浜を結ぶ蒸気船で、約2時間かかっていたことを考慮すれば、鉄道は驚異的なスピードだったといえる。

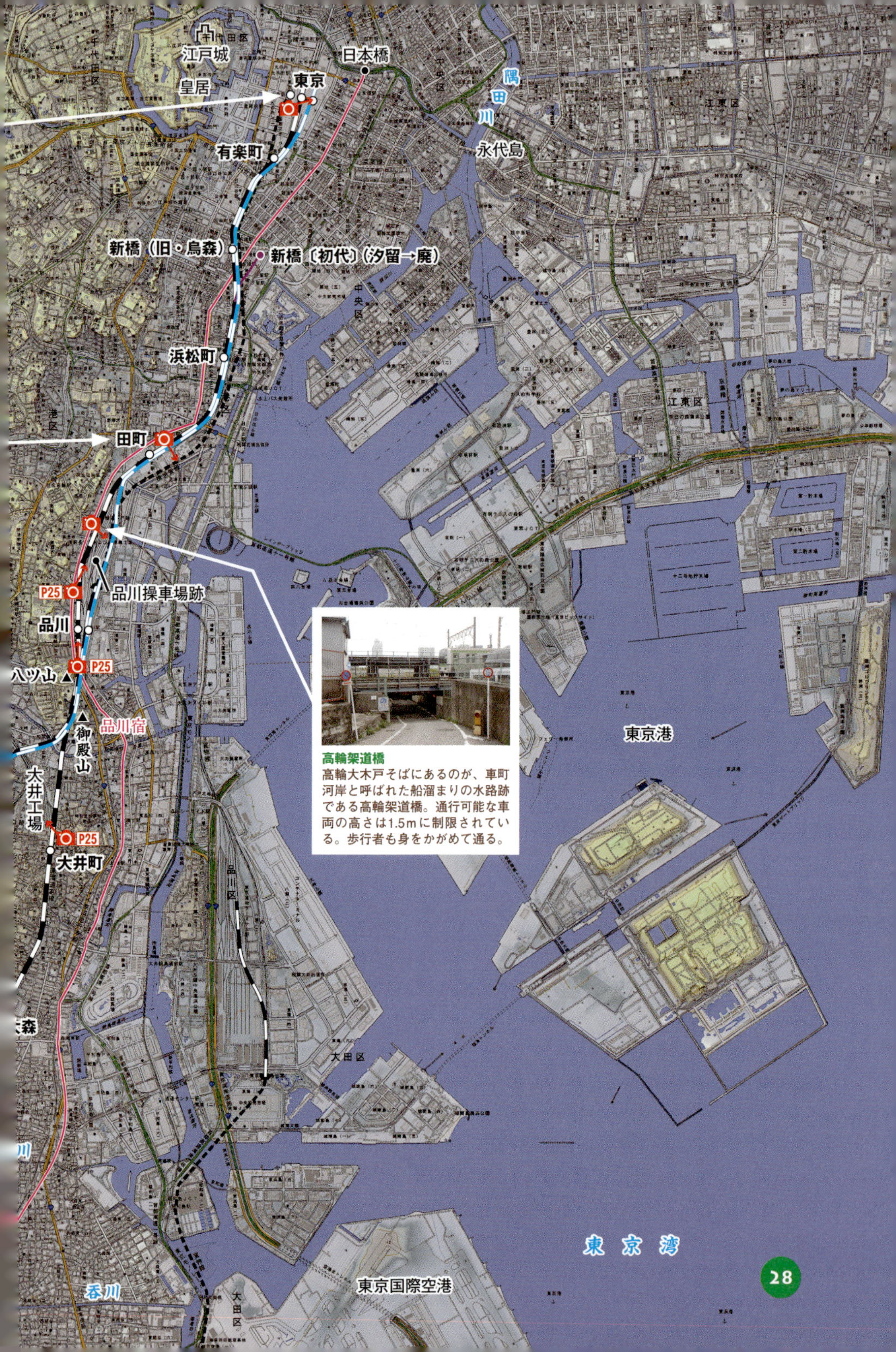

高輪架道橋
高輪大木戸そばにあるのが、車町河岸と呼ばれた船溜まりの水路跡である高輪架道橋。通行可能な車両の高さは1.5mに制限されている。歩行者も身をかがめて通る。

東京駅は、中央停車場という仮称で日露戦争後の明治41年に建設が本格化し、大正３年に開業した。停車場を駅と呼称するようになったのは、東京駅開業後である。空襲で大破し、復興過程で外観が変わったが、平成24年に復原された。

雑魚場（ざこば）架道橋
田町駅北側には昭和43年まで山手線内側に船溜まりが残り、鉄道築堤を横切る通船橋が存在した。その跡に設けられたのが雑魚場架道橋である。

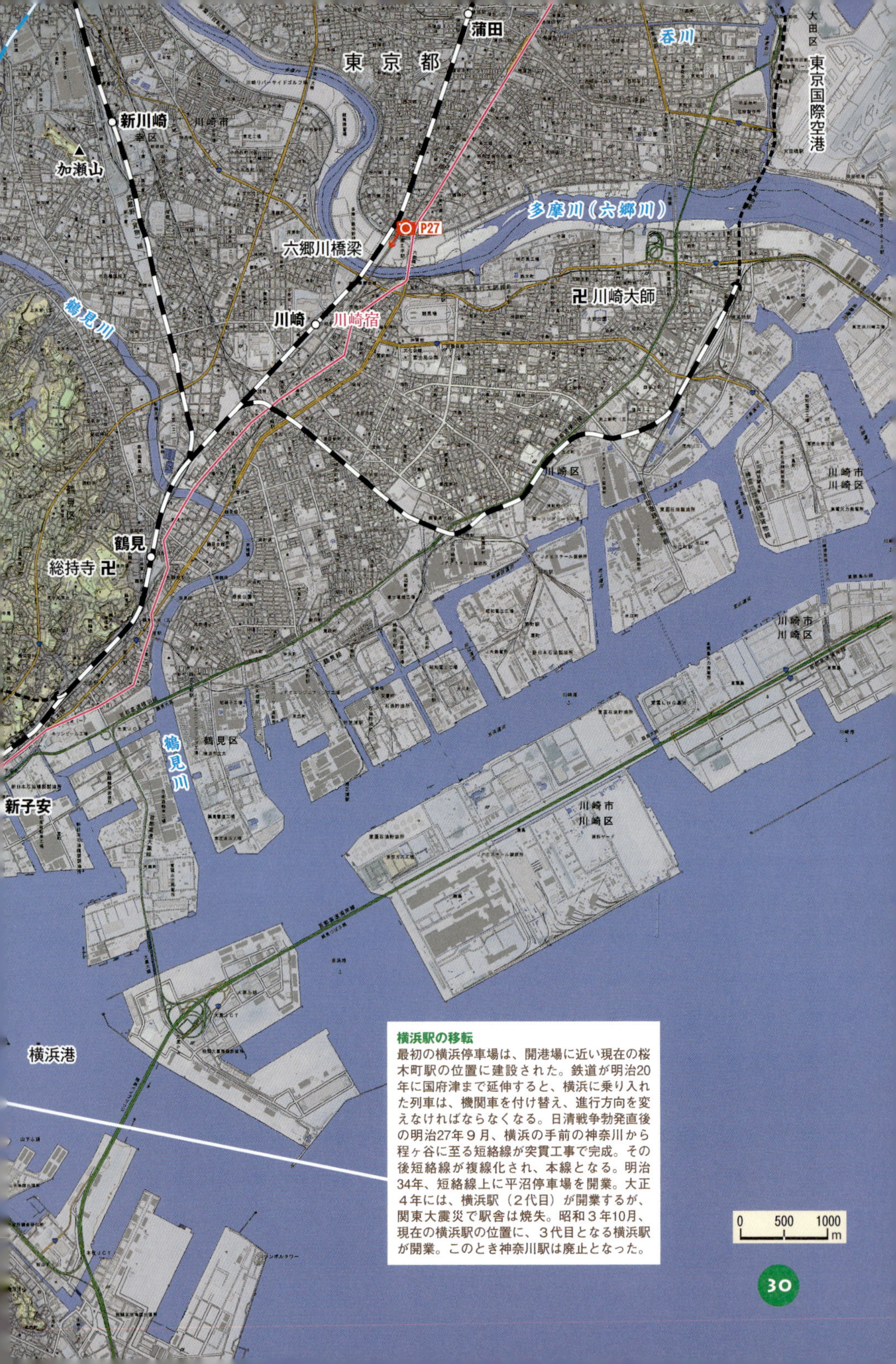

横浜駅の移転

最初の横浜停車場は、開港場に近い現在の桜木町駅の位置に建設された。鉄道が明治20年に国府津まで延伸すると、横浜に乗り入れた列車は、機関車を付け替え、進行方向を変えなければならなくなる。日清戦争勃発直後の明治27年９月、横浜の手前の神奈川から程ヶ谷に至る短絡線が突貫工事で完成。その後短絡線が複線化され、本線となる。明治34年、短絡線上に平沼停車場を開業。大正４年には、横浜駅（２代目）が開業するが、関東大震災で駅舎は焼失。昭和３年10月、現在の横浜駅の位置に、３代目となる横浜駅が開業。このとき神奈川駅は廃止となった。

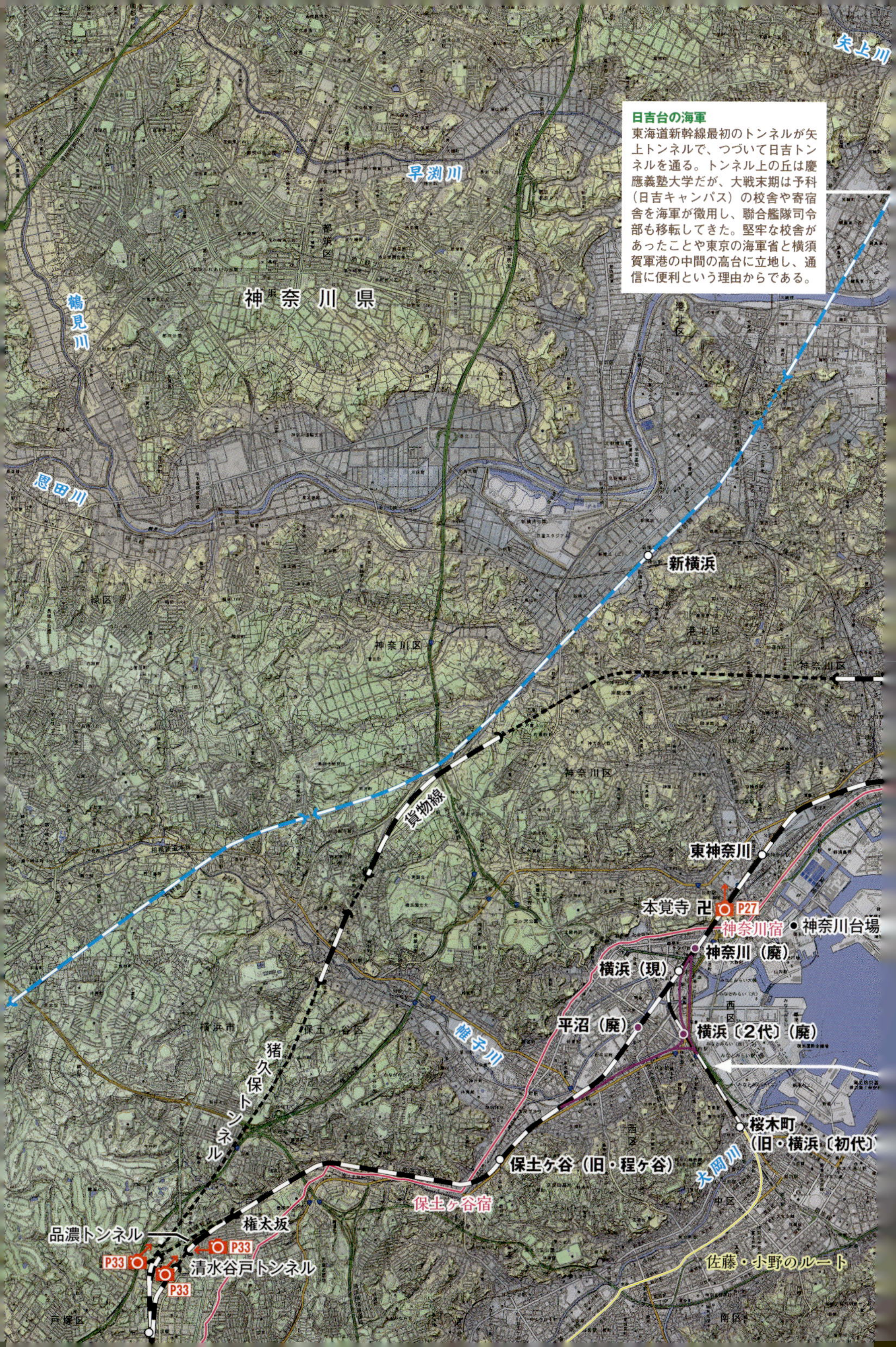

日吉台の海軍

東海道新幹線最初のトンネルが矢上トンネルで、つづいて日吉トンネルを通る。トンネル上の丘は慶應義塾大学だが、大戦末期は予科（日吉キャンパス）の校舎や寄宿舎を海軍が徴用し、聯合艦隊司令部も移転してきた。堅牢な校舎があったことや東京の海軍省と横須賀軍港の中間の高台に立地し、通信に便利という理由からである。

◉横浜〜国府津

横浜まで線路はほぼ平坦地を抜けてきた。かつての平沼《ひらぬま》を埋め立てた土地に建設した現在の横浜駅は標高2メートルという低地に立地する。横浜駅は頻繁に浸水や漏水が発生するが、あるいはこうした地盤が一因なのかもしれない。だが、保土ヶ谷駅を過ぎて1キロ過ぎたあたりから10パーミル以上の連続勾配となり、それまでの低地から大きく様相を変えてくる。

明治3年（1870）6月、工部省の佐藤与之助と小野友五郎が敷設ルートを探るべく調査を実施しているが、翌年1月に提出した『東海道筋鉄道巡覧書』の「東海道鉄道線横浜より三州二《ふ》タ川《がわ》宿迄里程並地形概略」によれば、この区間はこう記されている（原文を口語訳。以下同じ）。

> 横浜から保土《ほど》ヶ谷《や》、それより藤沢までの街道は坂越えなど多く、高地や低地など不均一のため、横浜から川筋に沿って日野《ひの》村というところを通り、両側に港を望む小山の日野坂という峠の東の方を切り通しで抜ければ、岩《いわ》瀬《せ》村（大船付近）というところから鎌倉手前の海岸を通り、大磯まで一帯が平地です。大磯から小田原の国府津《こうづ》というところまでは少々高低があります。

旧東海道沿いは険しいため、東海道から南に張り出した位置にある横浜停車場をそのまま鎌倉街道（現在の県道21号）沿いに南下して大岡川《おおかがわ》・日野川の谷をさかのぼり、日野坂の峠を越えて大船に出るというものだった。もしもこのルートが実現していれば、鉄道当局者をさんざん悩ませることになった横浜駅のスイッチバックの問題は最初から存在しなかったことになる。

この調査は明治3年に実施されたが、横浜から名古屋までの着工はずっと遅れた。この区間の着工が決まったのは、明治19年7月19日である。工事区間は天龍川を境に東西に分割（東は新橋局、西は神戸局が所管）され、明治19年11月、横浜〜酒匂《さかわ》川間が最初に着手された。

横浜〜名古屋の区間は急勾配や急な曲線を排除し、できるかぎり直線のルートが選択された。勾配は原則100分の1（10パーミル）以下、急勾配の山北〜御殿場間のみ例外的に40分の1（25パーミル）とされた。曲線については、半径20鎖（約402メートル）以上とされた。長大トンネルは避け、橋梁も河川と直交した地点に架橋できるよう、

右上：明治31年に複線工事が完了した清水谷戸隧道の戸塚方（南側）から撮影。右側が新たに掘られた下りトンネル。上：現況。最初に掘られた左側のトンネル断面が垂直な逆U字型をしているのに対し、右側の断面は馬蹄形をしている。

相武国境を清水谷戸隧道（写真左方向）で越えた列車は、軽やかなモーター音を響かせて横浜へと向かう。

品濃隧道を横須賀線の列車が通過している。品濃隧道は清水谷戸隧道の４倍以上の長さがあり、昭和54年までは貨物線として使われていた。横須賀線が通るようになったのは、昭和55年10月以降である。左側は貨物線の猪久保隧道。

前後の路線を調節している。

横浜～国府津間に関しては、ルートが内定した明治19年11月30日に陸軍省に照会し、12月23日に同意の回答を得ている。

開業当時の横浜～国府津間は30哩74鎖（約49・8キロ）だったが、その間に停車場は、程ヶ谷《ほどや》（現在の保土ヶ谷）・戸塚・藤沢・平塚・大磯の5駅しかなかった。旧東海道の宿場をそのまま停車場に置き換えたことになる。

保土ヶ谷を出た鉄道は、最初の本格的な峠越えにさしかかる。線路は旧東海道の権太坂《ごんたざか》から品濃坂《しなのざか》にいたる急斜面の狭隘《きょうあい》地は通らず、西の山中を10パーミルの連続勾配がつづく長い切り通しと隧道で抜けている。清水谷戸《しみずやと》隧道は、東京を出た東海道本線の列車が初めてくぐるトンネル（長さ２１４メートル）で、上りトンネルは、明治20年に開通した日本最古の現役鉄道トンネルでもある。今では全体が横浜市内だが、東京湾に注ぐ河川と相模灘《さがみなだ》に注ぐ河川の分水嶺にもなっており、ここが武蔵・相模の国境と知れば、深い山襞《やまひだ》も合点できる。最高地点は標高40・１メートル。これは、小田原以東の東海道本線で最も標高が高い。

下り線のトンネルは明治31年の複線化工事で開通している。側壁部は最初煉瓦だったが、大正14年（１９２５）の電化工事の際にコンクリート造りに改築。なお、昭和3年（１９２８）に開通した旧貨物線（現在は横須賀線として使用）の品濃隧道は、切り通し区間を設けず、手前からトンネル構造である。そのため品濃隧道は清水谷戸隧道の4倍以上の長さの９７８メートルに達する（ただし最高所の標高は30・９メートル）。さらに東海道・横須賀分離運転を翌年に控えた昭和54年には、長さ４００６メートルの貨物線猪久保《いのくぼ》隧道がこれらのトンネルの西側に完成している。

旧東海道と付かず離れず敷設された線路は、戸塚宿に停車場を設けると、そのまま旧東海道を離れて柏尾川《かしおがわ》を渡り、川沿いの低地を一気に南下する。旧東海道を避けたのは、大坂《おおさか》の勾配を嫌ったためであろう。横須賀線を敷設する際の分岐駅として、横須賀線開業を控えた明治21年11月に大船停車場が開設されているが、この駅が半径４００メートルの急カーブ上に立地するのは、駅開設が路線決定後だったことを物語る。

鉄道が旧東海道を離れたルートをとったため、藤沢停車場は、宿場から８００メートルほど南に設置された。今では駅前中心の市街地になっているが、当時の藤沢宿は藤沢

馬入川橋梁の現況。小田原までの区間は旅客線２線と貨物線２線が確保されており、下り貨物列車は上り旅客線と同じ橋梁を通る。右手前に見えるのは煉瓦や石材を用いた明治時代の橋脚の一部。右端は下り旅客線。

相模川下流に架かる馬入川橋梁。単線であることから明治33年以前の撮影。おそらく上り列車であろう。なお、鉄道の橋梁名は最初に架橋してから変更されないため、古い地名を残していることが多い。

本町付近である。藤沢から茅《ち》ヶ崎《さき》の手前までは約6キロにわたって直線区間がつづいている。途中駅の辻堂《つじどう》の先から旧東海道が北から接近する形となり、そのまま旧東海道の南に線路が並走するように敷設されている。相模川（馬《ば》入川《にゅうがわ》）を渡ると、東海道は低地沿いに平塚宿につづいているが、線路はその南の高地を西に延びている。無用地となっていた砂丘上に敷設されたのである。平塚停車場は、繁華な平塚本宿ではなく1キロ以上東に離れた平塚新宿の南側に開設されたが、地元の反対があったためだという。

平坦なように見えて、大磯の手前から国府津にかけては、10パーミルの上り下りが断続的につづいている。鉄道が砂丘列の微高地に敷設されており、河川に差しかかるたびに下り勾配になるためである。事実、10パーミルの急勾配は、花水川《はなみずがわ》（平塚〜大磯）、不動川《ふどうがわ》（大磯〜二宮）、中村川（押切川。二宮〜国府津）付近に集中している。河川が砂丘を横断する部分で、谷を形成しているためだ。

横浜〜国府津間30哩74鎖（49・8キロ）は、明治20年7月に開通。馬入川以外大きな河川もなく工事は順調に進んだ。馬入川橋梁のみは明治20年5月に仮橋で開通し、鉄桁の本橋（1365呎〔416メートル〕）は、開業後の明治21年1月に工事に着手し、8月に完成している。

円覚寺第一踏切

踏切の手前も奥も円覚寺の境内で、参道を横須賀線が分断している。狭隘な谷あいの地形のため、境内を横断して敷設するしかなかったと思われる。

永池川
海老名市
厚木市
藤沢市
目久尻川
神奈川県
寒川神社
平塚市
相模海軍工廠跡
茅ケ崎市
小出川
茅ケ崎市
平塚市
P35
辻堂
茅ケ崎
茅ケ崎市
相模川（馬入川）
引地川
相模湾
姥島（烏帽子岩）
0 500 1000 m

大磯付近の線路と川

大磯付近の東海道本線は海岸沿いを通っているように見えるが、鉄道が敷設されているのは、内陸寄りの微高地。途中の低地を挟んで海岸を走る1列目の砂丘の方が標高が高いため、車窓から海は見えない。大磯の西を流れる葛川は、標高20mに達する海岸砂丘に阻まれ、2km以上も回り込んで海に注いでいる。

相模平野の砂丘列

相模平野の海岸部に立地する藤沢から平塚、大磯に至る平地は、大部分が砂丘地帯である。海岸線に並行して砂丘列が内陸まで何列もつづいており、藤沢付近では、鉄道の北を東西に走る旧東海道が最も北側の砂丘列上を通っている。平塚付近では、海岸から5kmあたりまで幾筋もの砂丘列が確認できる。約6000年前、湘南海岸は平野部のずいぶん奥まで海だった（縄文海進）。その後潮位が下がる（海退）につれて河川の運ぶ土砂が堆積し、海岸から吹き上げる砂が巻き上げられて海岸に並行に砂丘が発達。海退が進むにつれ、砂丘が新たな海岸線に近い場所にできるようになり、幾筋もの砂丘が生成されていったのである。

相模川河口の移動

以前、相模川は鉄道橋梁付近から南東向きに流下していた。ところが関東大震災で相模川河口部の東側が隆起。そのため、流路が西に変わっている。平塚市と茅ヶ崎市の河口部の市境が相模川の中央ではなく東側の陸地にあるのは、相模川が現在よりずっと東を流れていた名残である。

川音川
神奈川県
中村川
藤沢川
葛川
相模金子
上大井
国府津松田断層
下曽我
御殿場線
酒匂堰
森戸川
二宮
中村川
（押切川）
国府津
新幹線鴨宮基地跡
鴨宮
酒匂川
小田原
山王川（久野川）
小田原城

◉国府津～沼津

かつての東海道本線は、小田原の手前の国府津付近で、まるで目前の酒匂川を嫌がるように、ぐいと北に方向を変えていた。小田原の先には箱根が控えていたのだ。

東海道最大の難所が箱根越えである。当時の技術では、小田原を経て旧東海道沿いに箱根を越えるのは不可能だったため、外輪山の外側の酒匂川が刻んだ谷をさかのぼることになった。酒匂川沿いに箱根の嶮を抜けられるという「発見」が、明治時代に鉄道を敷設できた主因である。これが現在の御殿場線で、開業時の東海道本線だった。現在の小田原・熱海を抜ける東海道本線は、後年に建設された新線である。

測量作業は明治19年（1886）度末までに横浜～熱田《あつた》間のほぼ全線が終わっていたが、山岳地帯の山北～御殿場は、十数回の試測の末に明治20年9月、ようやく路線が決定している。

難所の箱根越えを含む国府津～静岡間71哩27鎖（114・8キロ）が開業したのは、横浜～国府津間の開業に遅れること約1年半後の明治22年2月である。酒匂川を源流近くまで詰めるルートは、明治4年の『東海道筋鉄道巡覧書』にすでに記載されている。

国府津より酒匂川下流一帯は平地ですが、しだいに山がちになり、酒匂川沿いに平山《ひらやま》村（現在の神奈川県足柄上郡山北町内、山北駅南）、谷河《やが》村（谷ヶ《やが》村。山北町内の谷《や》峨《が》駅付近）というところから絶え間なくつづく谷あいを通り、富士山東方の竹之下《たけのした》村（現在の静岡県駿東郡小山町内。足柄駅付近）というところに出て、ここから富士の山裾を通り、足柄山（金時山《きんときやま》）に寄り添いながら、しばらく平地になります。ただし、一帯は堅い石が多いでしょう。そこから三島の北側を越え、沼津に達します。これしか箱根山を外す道筋はありませんが、平山村から谷河村を通って竹之下村へ出る道筋は、谷間、渡河、切り通しなど容易ではない難場です。なお、富士山洲走《すばしり》（須走）あたりに湧いた水は、谷河村の川筋を通り、酒匂川へ流出しております。

重要な指摘は、酒匂川に沿って敷設することでしか箱根山を越えることはできないといいきっていることだ。事実東海道本線は、このルートどおりになった。当時の技術水

山北駅の駅舎は東海道本線時代の建物を使用。ＪＲ東海社員は常駐せず、切符販売は地元に委託されている。

丹那隧道開通前、御殿場線が東海道本線だった時代。谷峨信号場（現在は谷峨駅）を通過する下り旅客列車。山北駅から補機としてD50が連結されていた。機関車先端部に職員が乗務しているのが確認できる。

山北駅前は昭和初期の家並みがそのまま残っている。かつての山北には20軒近い料亭があったという。

準では、箱根の嶮を越えることができず、箱根外輪山の北を迂回するほかなかったのである。『東海道筋鉄道巡覧書』はこの後もしばしば登場するが、その炯眼《けいがん》には驚かされる。大半のルートがほぼそのまま踏襲されているのだ。

国府津から松田《まつだ》まではほぼ一直線に線路が敷設される。山裾を切り裂くかのごとく鉄道が走っているように見えるのは、ちょうど鉄道の東側を国府津松田断層が走っているためだろう。1ヶ所少し屈折しているのは、川音川《かわおとがわ》（酒匂川支流）を直角に渡るためである。ここでも原理原則に忠実な様子が見て取れる。松田と東山北の間は酒匂川と松田北断層に挟まれた狭隘地に、鉄道、国道に加えて、東名高速道路が走っている。

国府津〜沼津間37哩38鎖（約60・3キロ）は、東海道本線最大の急勾配区間として、超特急「燕」の走行したままでの補機《ほき》（補助機関車）切り離しなど、さまざまなドラマと苦労を生んだ。大正期に出力の大きなマレー式機関車（通常の2倍となる2組の走り装置を備え、外観が大きく異なる）を導入したのも、箱根越えの急勾配区間で使用するためだった。

急勾配区間を象徴する駅が山北だった。一般の列車にも補機を付けた山北駅は、かつて山北機関区を擁する山越えの拠点駅であり、構内はだだっ広かった。長い貨物列車は、山北駅構内で2本に分割して別々の列車に仕立てて急坂を上った。

　山北駅だけで最盛期には700人以上の鉄道員が働いており、町の半数以上の家に鉄道職員がいたという。御殿場線が本線だった約45年間に、山北にあった川村《かわむら》小学校が三度にわたって校地拡張・校舎増築を行っていることからも人口の急増ぶりがうかがえる。山北町はもともと川村という村だったが、昭和8年（1933）に町制施行する際、駅名に因んで山北町と改めた。駅名の「山北」とは付近の小字名にすぎない。ついでに言えば、この町制施行は、翌年の丹那隧道開通による人口減少を見越した「駆け込み」の気配が漂う。

　山北から御殿場までは、25パーミルを含む連続勾配で神奈川・静岡県境（相模・駿河《するが》国境）を越え、一気に348メートルも高度を上げている。県境を越えた途端、険しかった渓谷は穏やかな流れとなり、源流部は拍子抜けするくらい広々とした台地が広がる。

　御殿場線の最高地点は、御殿場駅構内付近の標高455・4メートルである。御殿場周辺の分水界は、富士山の溶岩台地の平地にあるが、相模湾に注ぐ酒匂川水系の源流と駿河湾に注ぐ狩野川《かのがわ》水系の源流が網の目状に入り組んでおり、明確な線を引くことができない。このあたり一見、「片峠」（峠の片側のみ大きな高低差があってもう一方の側が平坦）にも見えるが、御殿場を過ぎると18〜25パーミルの連続勾配がつづき、沼津までの約25キロの区間はずっと下りである。沼津の標高は7・8メートルだから、約450メートルの高低差がある。

　25パーミルの最急勾配区間は富士岡《ふじおか》から裾野《すその》まで3駅にまたがってあり、富士岡と岩波《いわなみ》は、昭和43年の電化までは、スイッチバック構造だった。本線の傾斜が急で、いったん停車すると発車できなくなるため、本線とは別個に平坦な引き込み線を設け、そこに停車線を設けたのである。戦中期まで両駅は信号場だったが、戦前は、神奈川県側の谷峨駅（当時は信号場）や旧足柄信号場（足柄駅の南にあった）にもスイッチバックの待避線があった。

　最も大変だったのはトンネルと橋梁だった。国府津〜沼津間にトンネルが7本（箱根第一〜第七隧道）、目ぼしい橋梁は12本あったが、そのうち10本が酒匂川とその上流の鮎《あゆ》沢川《さわがわ》を渡る橋梁だった。上流部では橋脚が非常に高くなり、工事は困難をきわめたという。酒匂川の刻んだ谷があったから箱根越えの鉄道を敷設できたのだが、皮肉にも開通後

上：複線工事中の第三酒匂川橋梁（明治34年開通）。手前の下り線が増設された。　下：現在の第三酒匂川橋梁。手前（国府津方）がワーレントラス、奥（沼津方）がプラットトラス。奥のトラスは、昭和47年の豪雨で流失後、東海道本線天龍川橋梁（大正３年製）を転用。山腹には箱根第三四号隧道が覗いている（もともと別のトンネルだったが、関東大震災時の復旧工事で二つのトンネルを接合）

最も下流に架かる第一酒匂川橋梁。現在は３代目で、旧上り線に昭和58年に架橋。ワーレントラスとプレートガーダーから構成。

石積みの美しい橋脚が複線時代の名残を留める第二酒匂川橋梁。昭和30年代まで旧六郷川橋梁が使われていた。

箱根第二号隧道は、第一酒匂川橋梁のそばにある。右の旧下り線トンネル坑門上の鳥居の奥には線守稲荷が鎮座している。開通直後からこの付近は狐火や不思議な出来事が相次いだが、これは工事中にキツネの巣を壊した祟りに違いないと、祠を建てたのが始まり。実際に湧水の大量出水事故が起きるなど難工事つづきだったから、そうしたことが建立に影響を与えた可能性もある。年に一度の例祭には鉄道関係者が参列する。

酒匂川上流の鮎沢川に架かる第三相沢川橋梁。現在の橋梁は２代目で昭和52年の完成。下流の第一・第二相沢川橋梁は昭和18年に廃止。

第四相沢川橋梁はプレートガーダー橋で、昭和３年に架け替えられた。橋脚は明治期のもの。付近は足柄茶の産地でもある。

富士岡駅のホーム脇に蜿々と延びる待避線跡の丘。昭和43年に電化されるまでホームとして使用された。

左の丘は岩波駅に残る待避線跡。かつては水平に線路が敷かれており、本線の急勾配が際立つ。手前は箱根用水（深良川）に架かる橋梁。

富士岡駅の待避線跡は整備され、「富士見台」という展望台になっている。左側に小さく見えるのが線路。

各所に複線当時の線路用地が残る（岩波～裾野）

裾野～岩波間には、急カーブかつ25パーミルの急勾配がつづき、上り列車の機関車の動輪が空転しやすい難所があった。西安寺の山門が見えると、難所を通り抜けた機関士はほっとし、いつしか寺を「空転寺」と呼ぶようになったという。

山北駅南西の山北鉄道公園には、御殿場線を走っていたD52（昭和19年製造）が展示。圧縮空気による運転を計画中。

はその酒匂川の水害に悩まされることになった。

国府津から箱根越えルートは大きく北に迂回したが、鉄道から外れた小田原へは、明治21年10月に小田原馬車鉄道（箱根登山鉄道の前身）が開業し、伊豆半島の付け根に立地する大温泉地の熱海へは、船便が国府津から発した。国府津駅前には割烹旅館や商店が並び、箱根の旅館の中には国府津駅前に案内所を設けるものもあった。国府津は、先述した山北とともに、鉄道の結節点となったことで大発展した町の嚆矢《こうし》といえるだろう。それは多分に小田原や熱海の不便さとの引き換えではあったが。

上：送信設備は箱根第五号隧道の旧上り線トンネル内に設置。空襲から防御するコンクリート壁が造られた。手前は真空管冷却水の貯水槽。　右：トンネルには八俣（茨城県）・小山（栃木県）・依佐美（愛知県）の送信所から移設した送信機器が設置された。水滴防止のため小屋掛け。以上２枚は「足柄乃文化 23号」（山北町地方史研究会発行）より転載。　左上・左中：国府津方坑門付近の現況。遮蔽壁や貯水槽が残る。左下：箱根第五号隧道の沼津方坑門。すぐ前にあった第一相沢川橋梁（撤去）を渡ると、かつて送信所の事務所があった。

トンネルの送信所

戦時中、単線化されて廃線となった御殿場線のトンネルに、空襲に備えた送信所が建設されたことはほとんど知られていない。国際電気通信株式会社（ＫＤＤＩの前身の国策会社）の足柄送信所といい、送信施設は箱根第五号トンネル（谷峨～駿河小山）の旧上り線トンネル内に設置されていた。

建設が始まったのは、サイパン島などのマリアナ諸島をめぐる激しい攻防戦が展開していた昭和19年6月、完成したのは昭和19年12月だった。マリアナ諸島にはＢ29の出撃基地が建設され、本土空襲が始まっていた。

トンネル内には、陸軍省・海軍省向けの送信機器のほか、新京（長春）・上海・ボンベイ（ムンバイ）・昭南（シンガポール）・北米・南米向けの送信機器などがあった。トンネルの幅はわずか3・5メートルにすぎず、送信機器を設置すると人ひとり通るのがギリギリだった。結露による水滴がひどいため、内部に屋根を掛けた。

職員は40人程度。各地の送信所からの転勤組と地元採用組がいた。空襲が激しくなると、男子は夜間、女子は昼間の勤務になった。

昭和20年8月15日、終戦を告げる玉音放送は、東京の放送会館（現在のＮＨＫ）から電話回線で送られた音声を足柄送信所で中継し、海外の日本人に向けて発信されたという。

P43
P41
山北
山北機関区跡
P44
東山北
松田北断層
御殿場線
川音川
松田
相模金子
国府津松田断層
酒匂川
神奈川県
南足柄市
狩川
山王川
46
小田原
明星ヶ岳

静岡県
小山町
東京電力
天神原調整池
須川
阿多野貯水池
駿河小山
(旧・小山→駿河)
鮎沢川
上り旧線
P45
P43
P43
P45
河内川
谷峨
足柄
矢倉岳
小山町
鮎沢川
御殿場市
御殿場
東山湖
金時山
箱根町
早川
0 500 1000 m

金時山
神奈川県
箱根山
箱根町
早川
明星ヶ岳
イタリ池
大涌谷
湖尻峠
駒ヶ岳
箱根町
箱根山
須雲川
箱根神社
芦ノ湖
箱根関所跡
箱根宿
箱根峠
大観山
鞍掛山
三島市

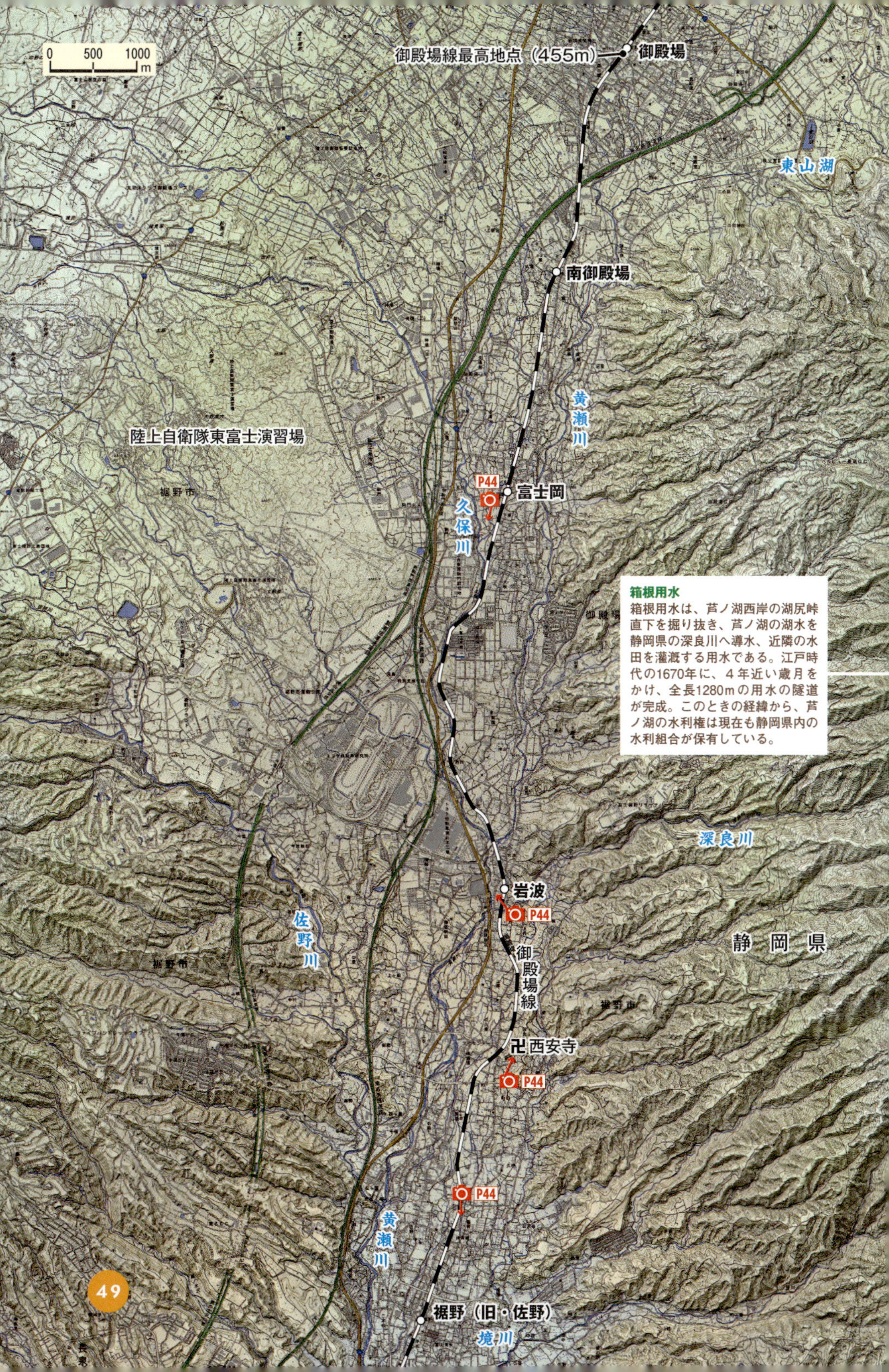

箱根用水

箱根用水は、芦ノ湖西岸の湖尻峠直下を掘り抜き、芦ノ湖の湖水を静岡県の深良川へ導水、近隣の水田を灌漑する用水である。江戸時代の1670年に、４年近い歳月をかけ、全長1280ｍの用水の隧道が完成。このときの経緯から、芦ノ湖の水利権は現在も静岡県内の水利組合が保有している。

◉丹那トンネル

輸送力や所要時間の面で、東海道本線中最大の弱点となっていた箱根越えをめぐる新線構想は、明治43年（1910）、後藤新平が鉄道院総裁だった時代に「熱海線」の検討を開始しており、翌年6月に着手している。

後藤新平は明治43年の夏、山陰出張の帰路、東海道本線の水害に遭遇。酒匂川沿いも水害に見舞われており、あらためて新線の必要性を痛感したのである。余談ながら、この年の大水害では、荒川《あらかわ》などが氾濫して東京の低地部の大半が浸水被害に見舞われており、荒川放水路（現在の荒川）が実現するきっかけとなったことでも知られる。

箱根別線にはいくつかの案があった。有力だったのは、湯河原《ゆがわら》から西進して谷を上り、十国《じっこく》峠の北側にトンネルを掘り、田代《たしろ》盆地の直下を抜けて三島・沼津を結ぶルート、別の案は、熱海から丹那盆地直下を抜け、沼津と直結するルートである。前者の案は5・5哩（約8・9キロ）と見込まれる長大トンネルを必要としたが、全体の距離は短かった。しかし熱海に別荘を所有する元勲の松方正義《まつかたまさよし》らが反対の動きを強める。地元では、熱海に隠棲しながら政界に影響力を誇った三浦梧楼《ごろう》の「世界的な熱海温泉を除いて鉄道を考えるバカがあるか」という一喝が熱海ルートを決めたとまことしやかに囁かれている。発言の真偽は別としても、その意思を尊重した旨を伝える元田肇《もとだはじめ》（初代鉄道大臣）から三浦に宛てた葉書が残る。新線建設に熱心だった後藤新平に対しては、熱海に広大な土地を所有しているから熱海線に執心するのだという中傷がなされたらしい。

当時はしばしば鉄道建設が政争の具となっていた。大正2年（1913）、山本権兵衛《ごんべえ》内閣（第1次）が成立すると、政友会の床次竹二郎《とこなみたけじろう》が鉄道院総裁に就任。床次は、後藤新平が進めていた鉄道広軌《こうき》化計画を中止させるとともに地方路線拡張方針を打ち出した。箱根越えの新線建設も中止（無期延期）と決まった。これに対して、工事再開に動いたのが三浦梧楼で、熱海町長らと熱海線開通期成同盟を結成して建設促進を中央政界に働き掛けている。

工事再開が決まったのも政治の事情だった。大正3年、政友会色の強かった山本内閣がシーメンス事件で退陣し、大隈重信内閣（第2次）が誕生。鉄道院総裁には、政友会と敵対する立憲同志会の幹部だった仙石貢《せんごくみつぐ》が就任する。仙石は鉄道技術者出身で、後藤新平と同じ鉄道広軌論者だった。再び後藤新平時代の方針に戻ったのである。

上：石橋山古戦場そばの玉川橋梁。関東大震災で落橋。
左上：根府川駅。関東大震災では大規模な地滑りが発生。
左中：根府川駅の関東大震災殉難碑。　左下：根府川駅そばの白糸川橋梁。震災で落橋。
右：真鶴隧道。銘板の揮毫は石田礼助前国鉄総裁。右側は廃止された長坂山隧道。

大正7年にようやく着工にこぎつけたとはいうものの、掘削は難渋をきわめた。予定区間は大湧水をともなう火山荒砂帯にあたっており、丹那断層を横断していたのである。ただしこれらが明らかになったのは着工後で、事前のボーリング調査は行われていなかった。もし事前に地質構造がわかっていたら、先述した第一案（湯河原〜十国峠北方〜三島）が採用されていたともいわれている。実際のところ、丹那隧道の長さが4・2哩（当初比較案時。約6・8キロ）から4・9哩（約7・9キロ）に延びたため、第一案の十国峠直下のトンネル（約8・9キロ）とさほど変わらなく

なり、さらに熱海ルートは1・5哩（約2414メートル。実際は2457メートル）の泉越《いずみごえ》隧道を掘削する必要があった。

難しい地盤を反映して、丹那隧道では重大事故が頻発した。大正10年4月には、熱海口（東側）寄りで大崩落事故が発生し、16名が死亡、17名が坑道に閉じこめられた。このときは蓑《みの》の藁《わら》を食べて飢えをしのぎ182時間後に救出。大正13年2月には、函南《かんなみ》口（西側）寄りで出水をともなう大量の土砂が迂回坑を埋没させ、16名の溺死事故が発生。当初7年後の大正14年完成予定で始まった事業は、難工事の連続で延期を重ね、竣工時期が見通せなかった。また、大量の出水は思わぬ副作用をもたらした。地下水脈が分断されてしまったことで、丹那盆地が大渇水に見舞われたのである。湧き水を利用したワサビ栽培や稲作も立ち行かなくなり、現在は灌漑による稲作と酪農地帯に変貌している。盆地を流れる柿沢川から取水していた平井発電所は、水量減少で発電不能となり、昭和9年（1934）に廃止された。

大正12年の関東大震災では、トンネル内部にさしたる被害はなかったが、昭和5年の北伊豆地震は、トンネル内部を走る丹那断層が震源で、落盤事故で3名が犠牲になった。トンネル内部の側壁には何ヶ所も亀裂が入り、南側第三水抜坑では、西側の地盤が南方向に8呎（約2・4メートル）も動いている。

熱海側の来宮《きのみや》駅（伊東線の駅）そばの東口坑門上には鉄道省によって殉職碑が建立され、右隣には、東口の大崩落事故直後に建立された犠牲者16名を祀《まつ》る供養碑が、五十回忌の際に移設された。西口の線路際には「丹那隧道工事殉職者慰霊碑」と刻まれた大きな石碑が鹿島組《かじまぐみ》の手で建てられている（かつては線路北に南面していたが、新幹線工事のため南側に移設）。函南駅舎の東端には水神碑が建立されているが、トンネル工事での大量出水を鎮める願いが込められたものだという。

これほどの長大トンネルともなれば、坑内から大量のズリ（土砂）が発生する。熱海側では、トンネル出口の急傾斜地の棚田や段々畑に盛り土をして（整地前は「熱海富士」の異名を生んだほど）、来宮駅の土台を造成、函南側は、谷間の築堤建設に使われた。

丹那隧道という名前についてもふれておきたい。当時トンネルや橋梁の名称は、測量した人物がつけるのが慣例化していた。このトンネルの場合、測量に赴いた一同が宿舎として使用したのが丹那村の名主《なぬし》屋敷で、この家の主から厚遇を受けたことで、恩返しのつもりで丹那を冠した丹那

丹那隧道熱海口の坑門上に設けられた殉職碑が、トンネルに出入りする列車を見守る。碑には殉職者67人全員の氏名が刻まれ、扁額の両側には作業員の姿（斎藤素巌作）が浮き彫りにされている。殉職者には女性の名前もある。

函南口。函南駅ホームからはトンネルがよく見える。当初、函南駅の設置は予定されていなかったが、地元の熱心な請願で駅の開設が決まった。

熱海口の坑門。鉄道大臣の内田信也が揮毫した銘板の両脇には着工年と竣工年を意味する「2578」「2594」（皇紀）という数字が埋め込まれた。

丹那隧道の畳築（内壁の仕上げ）は場所により煉瓦、コンクリートブロック、場所打ちコンクリートと変遷し、隧道畳築の歴史をそのまま映していた。上はコンクリートブロックによる畳築工事の様子。下は函南口の畳築工事。

丹那隧道のズリ（土砂）で建設された函南駅そばの大竹築堤（高さ約30m）。下を来光川が流れる。

函南口脇には工事を担当した鹿島組が巨大な慰霊碑を建立。

函南駅の小ぶりな水神碑。

山隧道と命名したらしい。その後着任した技師から、丹那山という名は存在しないと指摘され、丹那隧道に落ち着いたのだという。その時期は新聞報道を見るかぎり大正11年と思われるが、伊沢京七（鹿島組の下請で施工にあたった伊沢組の親方）が大正13年8月に建立した殉難碑（函南町内の養徳寺《ようとくじ》）には、「丹那山隧道殉難諸士之墓」（傍点著者）と刻まれている。

昭和9年12月、長さ2万5603呎（7804メートル）の丹那隧道開通で、東海道本線最大の難所は解消した。御殿場回りの旧線の距離が60・2キロだったのに対して新線は48・5キロと約12キロも短かった。また、旧線の最高地点が標高455・4メートル（御殿場駅構内）だったのに対し、新線は標高79・6メートル（丹那隧道内）と、圧倒的な差があった。このトンネルは中央部分がいちばん標高の高い、いわゆる「拝み勾配」で、トンネル内部は中央を頂点に約3パーミルの勾配となっていた。中央を高くするのは排水を考慮した構造である。

鉄道開通で、それまで陸の孤島だった熱海は一変する。鉄道開通以前に熱海を訪れる人の大半は、横磯《よこいそ》港（現在の熱海サンビーチ）などの港から上陸して温泉旅館や別荘に向かっていた。しかし鉄道開業により、人の流れは山の中腹の熱海駅から温泉街に向かって下るように変わった。駅前には旅館の客引きが群がり、宿に案内する光景が日常化した。

新丹那隧道の熱海口。ベルトコンベヤが目を奪う。

新丹那隧道を新幹線がひっきりなしに通過する。

一方、御殿場回りの旧線は、御殿場線と名を改めて存続したものの、優等列車の通過はなくなり、支線に転落。山北機関庫は廃止され、職員の大半が転出した。上下合わせて43本発着していた山北駅の列車は、24本に激減している。山北駅名物として人気の的だった駅弁「鮎寿し」もほどなく消えた。御殿場線は、戦時中の昭和18年に単線化され、余った資材は山陽本線岩国～櫛《くし》ヶ浜《はま》間（通称「柳井線」）複線化や横須賀線延伸の線路に転用。山北機関区も同時期に廃止されている（職員の大半は、新設の高崎第二機関区に転出）。

丹那断層

丹那盆地は、伊豆半島付け根の内陸部に位置し、約1キロ四方。山中にそこだけぽっかりと穴が開いたように楕円形をしている。北側直下の地下約150メートルには、東西方向に東海道本線の丹那隧道と東海道新幹線の新丹那隧道が貫いている。

盆地のほぼ中央を南北に走る活断層が、丹那断層である。この断層は、昭和5年（1930）11月26日に発生した北伊豆地震（マグニチュード7・3）の原因となった。震源は丹那盆地の南方数キロの地下ごく浅い場所で、震央付近や三島では震度6（当時の震度階級は震度6までしかなかった）を記録した直下型の大地震だった。地表にも地割れやずれを生じ、一部は、丹那断層公園で保存されている。

周囲を深い山に囲まれ、どことなく桃源郷を思わせる丹那盆地。

丹那断層公園に保存される断層。手前から奥に向かう石組みはもともと一直線だったが地震でずれを生じた。

開通間近の丹那隧道が被災したことは、日本中に大きく報道された。丹那隧道開通直前の昭和8年11月に発行された『丹那トンネルの話』（鉄道省熱海建設事務所編）という冊子にはこんなくだりがある。

「それでは三島口一万二千呎（註・約3・7キロ）の所謂《いわゆる》丹那大断層がもう一度八呎（註・約2・4メートル）動いたらどう成るかと好く聞かれます。その時には綺麗に八呎の食違ひが出来るかも知れませんし、又は崩壊して通れ無くなるかも知れません。その時丁度汽車が其処を通つて居れば勿論脱線転覆して沢山の死傷者を出す事でせう。併《しか》しそんな大地震は滅多にあるものではありません。恐らくこのトンネルの経済的利用価値のある間にはもう起らないでせう。又たとひ起つたとしても、その悪い箇所を汽車が通り抜ける時間は数秒に過ぎないのです。一生に一度の数秒間の時間を丁度其処に居合はせて災難に出遇つてもよくよくの不運とあきらめて下さい。汽車の走る道ではそんな所より、切取や築堤や橋梁等、大地震の時危い箇所がまだ沢山あります」

だが今では丹那断層は、「安全断層」だと考えられている。その根拠は、昭和50年代後半に実施された丹那断層の発掘調査の分析である。あと数百年は大丈夫らしい。

小田原城
小田原を出ると左手の山上に天守が聳える。江戸期に製作された精密な模型に基づいて昭和35年に復興されたが、勾欄は当時の市の要望で付加された。

早川
早川は二級河川だが、箱根外輪山の内側の水は、静岡県側に導水されている箱根用水を除いて、すべて早川から相模湾に注いでいる。

根府川～真鶴の旧線
根府川～真鶴間の真鶴寄りの区間は、東海道本線で５番目に長い真鶴トンネルで通過するが、かつては赤沢トンネル、八本松トンネル、長坂山トンネルを通る海沿いのルートだった。昭和47年、沿岸の地盤のもろさから現在のルートに付け替えられている。

イタリ池
早川
早川
明星ヶ岳
大涌谷
湖尻峠
駒ヶ岳
箱根町
箱根山
箱根神社
芦ノ湖
箱根関所跡
箱根宿
箱根峠
大観山
鞍掛山
三島市
静岡県
田代盆地

箱根峠
大観山
鞍掛山
神奈川県
幕山
南郷山
湯河原
千歳川
泉越トンネル
泉越トンネル
田代盆地
十国峠
P55
新丹那トンネル
丹那トンネル
P54
熱海
丹那盆地
P53
来宮
P53
丹那断層公園
P55
氷ヶ池
丹那断層
玄岳
伊東線
0
500
1000
m
相模灘

下土狩駅
御殿場回りの鉄道が三島市街から離れて敷設されたため、停車場は長泉村の下土狩に開業した。広い構内に三島駅当時の名残を留めている。三島市街から下土狩駅まで直線に延びる県道は、新設された三島停車場線だった。

三島駅
丹那トンネルを通る新線開業とともに現在の三島駅が開業。駅舎の屋根は三島大社の門前町にふさわしいが、富士山のラインを模したものだという（平成25年改築）

◉沼津〜大井川

沼津から先は吉原《よしわら》あたりまで、旧東海道沿いに標高10メートル未満の区間がつづく。『東海道筋鉄道巡覧書』には、以下のような記載がある。

> 沼津から吉原宿（現在の静岡県富士市吉原）までのところ、平地ではありますが、原宿《はらしゅく》（沼津市原）あたりになると、低地の中央に高さ1丈2、3尺（約4メートル）もの場所があり、敷設はなるべくそこがよいでしょう。そこから富士川河畔の岩淵《いわぶち》（富士市岩渕）まではこれまた平地ですが、いささか高低があります。富士川は、現在渡船場のあるあたりの地盤が堅く、橋場に適しております。

峠を越えた沼津停車場から富士川橋梁付近までは、直線だった。直線区間はここ以外にも、清水〜静岡、焼津《やいづ》〜島田、掛川《かけがわ》〜袋井《ふくろい》、岡崎〜刈谷《かりや》、清洲《きよす》〜尾張一宮《おわりいちのみや》など多数存在する。勾配や河川がないかぎり、直線の敷設が基本だったことがわかる。『東海道筋鉄道巡覧書』の記述どおり、沼津から先の線路は、駿河湾の海岸沿いに細く長く延びた砂丘の高所に、旧東海道に寄り添うようにずっと敷設されている。原駅付近から東田子《ひがしたご》の浦《うら》駅付近までの3・8キロは、東海道本線中最長平坦区間で、ずっと標高5・9メートルの平坦地がつづいている。

沼津から天龍川にかけての区間の測量作業は、明治19年（1886）7月に始まった。沼津〜安倍川間についての内定ルートを明治20年3月4日に陸軍省に照会したところ、「差支無《さしつかえなし》」という回答を得ている。

明治20年3月には、東海道鉄道の建設資材運搬を目的とした狩野川河口付近（のち沼津港停車場）と沼津停車場を結ぶ通称蛇松《じゃまつ》線（のちの沼津港線）が開通している。

横浜〜熱田間には、1000呎（約305メートル）以上の橋梁が七つ存在したが、長い方から五つまで静岡県内にあった（残りは馬入川と矢作川《やはぎがわ》）。長い順に、天龍川（3967呎〔1209メートル〕）、大井川（3339呎〔1018メートル〕）、富士川（1874呎〔571メートル〕）、安倍川（1807呎〔551メートル〕）、第三浜名（1590呎〔485メートル〕）である。いちばん長大な橋梁は天龍川だったが、東海道随一の急流の富士川への架橋は、と

富士川橋梁。中央の２連だけトラスの形が異なるのは、昭和57年の水害で橋梁２連が流失した際の復旧に際し、建設中の久慈線（現・三陸鉄道北リアス線）の橋梁部材を流用して架け替えられたことによる。

りわけ慎重を期した。当初は最短ルート上にある富士川河口近くの蒲原《かんばら》新道沿いへの架橋が予定されていたが、このルートは橋脚を支えるために不可欠な岩盤層が深い場所にあって、当時の技術では施工できなかった。もしかしたら、距離が長いことも影響したのかもしれない（昭和46年、かつての鉄道予定地付近に架橋された国道1号富士由比《ゆい》バイパスの新富士川橋の長さは、１５５３メートルに達している）。

架橋位置が上流に変更された結果、明治初期の『東海道筋鉄道巡覧書』の指摘どおりになった。ただし架橋位置は、原案より１００メートル近く下流に設定された。当時、東

富士川橋梁は、下り線がトラス橋、上り線がガーダー橋となっている。現在の下り線はもともと上り線で、上り線の橋梁建設（昭和31年）後に下り線用になった（下り列車から撮影）

岸にあった「帰郷堤」撤去に反対する激しい運動が巻き起こっていたため、できるだけ堤防から離す措置をとった可能性がある。帰郷堤というのは、富士川東岸に築造されたコの字型の堤防で、この堤ができたことで、東岸の加島《かじま》平野の住民は安心して居住することが可能

になった。「帰郷」を冠した珍しい名前は、幕末期の大洪水で家を失った住民がこの堤が築造されたおかげで「帰郷」できたことと、工事を行った駿河城代土岐《とき》朝昌《ともむね》の家紋が「桔梗《ききょう》」だったのを掛けている。

凄まじい暴れ川だった富士川には、江戸初期から50年以上かけ、急流を弱めるよう工夫された「雁堤《かりがねづつみ》」と呼ばれる堤防が整備されている。流路の両側をがっちり固めた近代の堤防とは異なり、雁行の形に堤防を築造して流速を弱めたうえで遊水地を設ける構造。これで東岸に広がる低地を守った。甲斐の信玄堤や肥後の加藤清正が行ったとされる築堤事業などとも共通する、近世の人々の知恵の結晶である。富士川東岸に、雁堤の人柱となった僧を祀《まつ》る護所神社と水神社が創建されているのも、繰り返された氾濫との長い戦いを物語っている。

それでも、というべきだろう。富士川橋梁は昭和57年（1982）8月、上流の豪雨による増水で、下り線中央部の橋脚1基と両側のトラス2連が流失した。

富士川の計画高水流量は、この付近では毎秒1万6600立方メートルに達する。この流量は国内第3位にランクされるという。河床勾配は230分の1（約4・3パーミル）となっており、下流域としては相当の急流である。河床が高いことを示すのが標高である。富士川橋梁付近の高さは26メートルに達し、三島〜藤枝《ふじえだ》間で最も高所に位置する。富士川橋梁の両側は、10パーミルの勾配となっている。

富士川のみならず、鉄道橋架橋による洪水・溢水を危険視した反対運動が各地で頻発したことは興味深い。六郷川（多摩川）でも、地元住民が善処を求めた事実が知られている。明治3年2月には、当時の品川県下にあった北蒲田村ほか14ヶ村の総代が、鉄道建設にともなう水路排水不良について掘り広げる要望を出しており、鉄道敷設にあたって、「水」の問題が大きな影を落としていたことがわかる。

富士川から先には古来難所として知られた薩埵《さった》峠があった。ところが、『東海道筋鉄道巡覧書』はこう記している。

> 岩淵から河原伝いの旧街道にしたがい沖津《おきつ》（興津）宿（現在の静岡市清水区興津）に出て、ここからしだいに山裾に沿って海岸を通ります。山が離れるまでは往来の道幅は狭いです。薩埵峠の下道は埋め立てたも同然の状態です。江尻清水港あたりや静岡を経て安倍川西側から南

東に向かい、石部《せきべ》村（静岡市駿河区石部）海岸までは平地がつづきます。

蒲原〜興津間は、東海道本線が最も海に迫る区間である。東海道本線といえば海沿いという印象があるが、ほんとうに海岸際に敷設されているのは、背後に険しい山塊が迫ったここくらいのものだ。標高も全区間10メートル未満である。

途中の薩埵峠直下は、安政東海地震で海食台が海面上に姿を現わしたため、当時は線路が敷設できる砂浜の隆起海岸が広がっていた。環境が激変して間がなかったためだろう。『東海道筋鉄道巡覧書』では、「薩埵峠の下道は埋め立てたも同然」と、驚きを隠していない。現在由比付近の海岸線には東海道本線、国道1号、東名高速道路が集中しているが、こうした路線が敷設できたのは、地震で地盤が隆起して陸化したのが原因なのである。この区間は沿線屈指の景勝地だったところだが、新幹線はほとんどトンネル区間となる。

ともかく明治の鉄道敷設にあたって、海岸際に敷設可能だったのは幸いだった。もし海岸沿いの鉄道敷設が不可能だったとしたら、トンネルを掘削するほかないが、おそらく3キロ以上になっただろう（同区間を通る新幹線の蒲原隧道は4934メートル、由比隧道は3993メートル）。これは当時日本最長だった柳《やな》ヶ瀬《せ》隧道（1352メートル。北陸本線旧線にあり、現在は道路トンネルに転用）の倍以上の長さである。もしトンネル建設を選択していたら、明治22年の全線開業はおぼつかなかった。いやそれ以前に、はた

由比駅付近は砂浜に面していた。そのため線路脇に防波堤が構築されている。現在は海側を東名高速道路の高架橋が通るため、駿河湾は見えない（下り列車から撮影）

北陸本線柳ヶ瀬隧道のルートは、北陸トンネル開通後に廃止され、現在は一般道。

由比駅の南にある140mの土砂覆いは、昭和49年の地滑り災害後に建設された。

上：（上）興津の清見寺は臨済宗の名刹。境内を鉄道が横断しており、右端の総門脇から跨線橋で結ばれている。（下）清見寺踏切も設置されており、横須賀線の円覚寺の踏切を思わせる。鉄道開通直後の明治22年7月、嘉仁親王（のちの大正天皇）が海水浴目的で興津に行啓した際は宿舎にあてられた。　左：清見寺のすぐ近くに、西園寺公望が移り住んだ坐漁荘があった。もとの建物は博物館明治村に移築されたが、興津にも建築が復元されている。庭はかつて砂浜に面しており、伊豆半島や三保松原がよく見えたという。

して鉄道は東海道ルートを選択できたのだろうか。その後の日清戦争・日露戦争で東海道鉄道が果たした軍事輸送の貢献の大きさを考慮すれば、興味深い歴史の仮定となる（少なくとも開戦時期は大きく変わっていただろう）。

　薩埵峠直下を築堤で越え、興津川を渡った先が、保養地・別荘地として名をはせた興津である。明治初期、真っ先に別荘地として栄えたのは温泉地の熱海だった。しかし鉄道が敷設されると状況は一変、遠方だが鉄道沿線の沼津や興津が別荘地として注目されることとなる。沼津の旧御用邸や興津の西園寺《さいおんじ》公望《きんもち》別荘「坐漁《ざぎょ》荘」が往時の別荘文化とその隆盛を伝えている。

　つづく難所は、静岡市南部、現在の石部《せきべ》隧道付近である。ここは山が断崖絶壁のまま海に切れ落ちているのである。『東海道筋鉄道巡覧書』にはこうある。

　石部村の海岸からはことごとく難所ですが、ここしか宇《う》津《つ》ノ谷《や》峠を通らず敷設できる場所はありません。1里（約4キロ）あまりの海岸は、高波の場所は埋め立て、小《お》浜《ばま》（現在の焼津市小浜［海沿いの「元小浜」集落］）というところ、西の方は切り通すことができますが、容易ならざる難場です。そこから藤枝宿東方一帯は平地になります。大井川は谷口《やぐち》村（島田市阪本谷口）というところへ渡ることになりますが、川幅が狭く、このあたりが橋場に適しております。

　明治19年8月に始まったこの区間の測量作業は大崩《おおくずれ》海岸から開始されたが、堅い岩石と切り立った崖という悪条件から難工事が予想されている。そのため、急遽11月から旧東海道の宇津ノ谷峠を通るルートも測量が実施された。

　ところが、線路が敷設されたのは宇津ノ谷峠ルートではなく、もとの大崩海岸だった。標高180メートルに達する宇津ノ谷峠ルートでは、峠の直下にトンネルを掘削するにしても、急勾配が避けられなかった。海岸ルートに比べ5キロほど遠回りになることもマイナス要因だったのだろう。

　ただ、海岸もまた難所だった。ここは堅い岩盤の山が駿河湾に切れ落ちている場所で、外洋の荒波が海岸に打ち寄せている。そのため、大規模な築堤を造成することは不可能だった。一筋の光明は、安政大地震で海岸が隆起したため、一部の海岸に築堤を築くことが可能だったことだ。トンネル区間を短縮することが可能だったのである。このとき掘削されたトンネルが、石部隧道と磯浜《いそはま》隧道（いずれも旧トンネル）である。

大崩《おおくずれ》海岸から先は、藤枝宿に直行する予定で決定していたものが、なぜか明治20年4月になって、港町の焼津を経由して藤枝宿を通らないルートに変更された。変更ルートの方が距離も長く解《げ》せないのだが、焼津港から資材を陸揚げする意図があったという説がある。海岸近くの焼津の標高はわずか5・3メートル。そこから大井川を挟んだ金《かな》谷《や》（島田市内）の先の牧《まき》ノ原《はら》隧道まで、高低差90メートルの勾配が約20キロにわたって蜿々とつづいている。

COLUMN

大崩海岸とトンネル

静岡市南部の大崩海岸は、日本を東西に二分する大断層、糸魚川《いといがわ》静岡構造線が駿河湾に没する箇所にあたり、断崖絶壁の海岸がつづいている。構造線の反対側の新潟県糸魚川市の難所、親不知《おやしらず》海岸そっくりの光景が展開する。

大崩の鉄道建設に際しては、静岡（北）側に石部隧道（910メートル）を、焼津（南）側にやや海岸から離れて磯浜隧道（970メートル）をそれぞれ掘削し、二つのトンネルの間は崖と海岸の間に築堤を築いて通すことにした。だが、一帯は玄武岩と粗面岩で構成される脆弱な地盤で、建設工事は難航。落盤事故で12名の犠牲者が出ている。当初は単線だったが、明治44年（1911）に複線化された。

昭和に入ると、弾丸列車と称された新幹線計画のルートに、この山塊を貫く日本坂《にほんざか》隧道が計画された。日本坂隧道は、総延長2174メートルに達し、石部・磯浜両隧道の山側に建設される予定だった。昭和16年（1941）に着工され、昭和19年に開通（「新幹線」全体の工事は中止されたが、着工済みの一部トンネル工事は細々と継続していた）。日本坂隧道完成の機会をとらえ、急曲線がつづきトンネル断面が狭かった石部・磯浜両隧道の輸送効率改善のため、改良工事が行われることになった。こうして、開通した日本坂隧道を在来線が利用することとなり、東海道本線と日本坂隧道をつなぐ築堤が建設され、昭和19年12月に線路が付け替えられたのである。

終戦後も日本坂隧道はそのまま東海道本線が利用し、石部隧道～磯浜隧道の改良工事は、着手されないまま中止。旧線部分は線路が外され、一般道路として供用されている。ところがこの道路は、路盤付け替えから4年にも満たない昭和23年9月に襲来したアイオン台風の波濤で破壊・寸断されるなど、しばしば通行不能になった（昭和30年ごろまでは通行できた模様）。

この区間の東海道本線の改良がなされるのは、戦後の東海

左上：大崩海岸を走る蒸気機関車。明治末期の撮影（絵葉書。萩原昌明氏所蔵）
右：大崩海岸の旧線路敷の道路を走る乗合バス。昭和30年ごろ（石田昭夫氏所蔵）。以上２枚は『やきつべ』より転載。
左下：現在の石部隧道用宗方（北側）坑門。真ん中のトンネルは使われていない（下り列車から撮影）

道新幹線工事がきっかけだった。新幹線が日本坂隧道を使用するため、東海道本線は、再び海岸ルートとなった。そこで石部隧道などの改修を迫られたのである。こうして昭和36年ごろ、石部隧道の静岡（用宗《もちむね》）側と磯浜隧道の焼津側を直結する大規模なトンネル改良工事を実施。それが総延長２２０５メートル（上り線）におよぶ現在の石部隧道で、昭和37年9月から供用されている。

道路事情についても述べておこう。東海道旧線を転用した道路が通行不能になったため、大崩海岸の山腹に国道１５０号（現在の県道４１６号）が建設された。この道路は、もろい地盤が引き起こす崖崩れに備えて、大半の区間が洞門《どうもん》の構造だった。だが、昭和46年7月に大崩落が発生。事前の想定を嘲笑《あざわら》うかのように大量の土砂が第五洞門を押しつぶし、走行中の乗用車が埋没して1名が死亡した。災害区間の道路復旧に際しては、陸路をあきらめて海上を迂回する石部海上橋が建設（昭和47年7月竣工）されている。

石部・磯浜隧道を合わせた現在の下り石部隧道の長さは2185m。通過に１分半近くかかる。トンネルを出ると左にゆるやかにカーブして瀬戸川を渡る（下り列車から撮影）

沼津御用邸

明治26年、皇太子だった嘉仁親王（のちの大正天皇）の保養のため、島郷御料林内に造営。鉄道が開通した当時の沼津近郊は別荘地帯として人気を博し、周囲には、薩摩閥を中心に、大山巌、西郷従道、川村純義、大木喬任らの別邸があった。御用邸の本邸は空襲で焼失したが、東附属邸と西附属邸（川村純義別邸を買い上げ）が残る。昭和44年に廃止され、現在は沼津御用邸記念公園。

田子ノ浦

田子ノ浦は山部赤人らに詠まれた有名な景勝地である。しかし昭和36年、堀込式港湾の田子の浦港が建設され、風景は一変。昭和40年代には、製紙会社の廃液に起因するヘドロ汚染の「公害」（環境汚染）が社会問題化した。

吉原宿の変遷

吉原宿は、江戸初期は現在の吉原駅付近の田子ノ浦に面した元吉原の場所にあった。ところが、17世紀の二度の津波被害を経て、3km近く内陸の吉原本町へと移転。このときから東海道の道筋は大きく北に屈曲することになり、それまで右手に見えていた富士山が左手に見えることから「左富士」と呼ばれる景勝地になった。付近は文字どおり葭原（ヨシ原）で、広重の「吉原　左富士」には、葭原に延びる東海道松並木と左富士が印象的に描かれている。

新幹線と浮島沼

東海道本線の沼津～吉原間は、海岸沿いの砂丘の微高地を通る。しかし、東海道新幹線は大きく北に迂回し、愛鷹山の山裾を切り通して線路を敷設している。その理由は、東海道本線と新幹線で囲まれた低地が「軟弱地盤」だったからである。周囲はかつて浮島沼と呼ばれた湖沼群が点在する大湿地帯で、歌川広重の『東海道五十三次』の「原　朝之富士」にも、富士山と浮島ヶ原が描かれている。明治の地形図にも浮島沼のひとつである大きな須津沼が記されており、その東側に広大な湿地（浮島ヶ原）が広がる。周囲は普通の水田ではなく、「湿田」だったため、昭和30年代まで、田下駄や田舟を用い、腰や胸まで浸かって田植えをしなければならなかった。現在は排水事業で普通の水田となり、宅地や工場用地としても開発が進む。かつての湿地を東西に流れるのが沼川である。

富士川と地震山

明治時代の地形図を見ると、富士川のそばに「地震山」という地名がある。これは、1854年の安政東海地震で隆起した富士川断層の一部である。地震直後の地震山の規模は南北500m、東西50mで、隆起の高さは２～３mだったという。地震前、富士川は旧東海道のすぐそばを流れていたが、地震で河原が隆起し、川の東側が沈降。そのため富士川は流路を東寄りに変えてしまう。富士川の東遷と地盤沈下で東岸の加島平野は従来以上に水害常襲地帯になった。住民は土地を離れざるをえず、帰郷堤建設へとつながる。一方、旧河道にあった地震山周辺は水田に変貌。現在、地震山の場所は工場用地となり、痕跡は消失した。

静岡県
中河内川
小河内川
浜石岳
由比川
由比宿
P63
由比
P63
由比トンネル
高根山
薩埵山
薩埵峠
興津川
興津トンネル
興津
清見寺
P64
興津宿
興津坐漁荘

関口隆吉知事遭難現場
初代静岡県知事の関口隆吉（たかよし）は下級の幕臣出身だった。明治維新とともに徳川家に従い静岡県に転居。旧幕臣の生活を助けるべく牧ノ原台地開墾を始めるが、新政府に出仕を要請され、山形県権県令や山口県令などを歴任。明治17年には旧地の静岡県令を拝命し、やがて初代の県知事となる。関口は、鉄道敷設の際も、住民の要望を聞き、土地収用などに尽力した。だが、静岡〜浜松間の開業を５日後に控えた明治22年４月11日、鉄道で列車の正面衝突事故に巻き込まれ、不慮の死を遂げている（墓所は静岡市の臨済寺）。『広辞苑』の編者として知られる言語学者の新村出（しんむらいずる）は関口隆吉の次男で、関口が死去したとき、静岡県尋常中学校（現在の県立静岡高校）の生徒だった。事故後に新村猛雄（徳川慶喜の側室だった新村信の養父）の養子となって、人生が大きく変わる。

安倍川橋梁
安倍川にかかる橋梁は595mもの長さだが、ほかの大河にかかる橋がトラスで架橋したのとは異なり、当初からプレートガーダー（桁橋）で架けられている。

足久保川
鯨ヶ池
内牧川
安倍川
巴川
長尾川
麻機遊水地
賤機山
臨済寺
谷津山
東静岡
藁科川
駿府城
府中宿
静岡
大谷川放水路
登呂遺跡
丸子宿
関口隆吉知事遭難現場
安倍川
丸子川
安倍川
用宗
満観峰

日本坂
日本坂は標高302mの峠で、古代の東海道が通っていたとされる。日本坂を下った先の焼津という地名は、日本武尊（やまとたけるのみこと）が東征途中に賊に襲われたとき向かい火を放って難を逃れたことによるとされるが、日本坂の名前も日本武尊に因むという。
宇津ノ谷峠
満観峰
用宗
P67
石部海上橋
岡部宿
日本坂
朝比奈川
高草山
日本坂トンネル
石部トンネル
旧石部トンネル
大崩海岸
P67
元小浜
旧磯浜トンネル
虚空蔵山
藤枝宿
田中城
瀬戸川
焼津
瀬戸川
西焼津
黒石川
駿河湾
木屋川
栃山川
0 500 1000 m
航空自衛隊静浜基地

瀬戸川
滝沢川
葉梨川
相賀谷川
千葉山
瀬戸川
矢倉山
静岡県
東光寺谷川
伊太谷川
島田宿
六合
大津谷川
島田
大井川
谷口

◉大井川〜掛川

越すに越されぬ大井川と謡《うた》われた大井川を越えたあと、旧東海道は、小夜《さよ》ノ中山《なかやま》で牧ノ原台地を横断する。だが小夜ノ中山は、風雅な名前とは裏腹に、箱根峠、鈴鹿《すずか》峠と並ぶ旧東海道屈指の峠越えの難所だった。明治19年（1886）度末までに横浜〜熱田間全線の測量作業はほぼ終わっていたが、城之腰《じょうのこし》（現在の焼津市内）〜天龍川間は、数線を試測する必要に迫られていた。この区間は、大井川や天龍川といった大河が流れていただけでなく、その間に標高200メートルにも達する牧ノ原台地の大丘陵が立ちはだかっていたのである。難所を越えたらまた難所という状況だった。

焼津から海岸沿いに相良《さがら》（現在の牧之原市相良）・池新田《いけしんでん》（御前崎市池新田）・横須賀《よこすか》（掛川市横須賀）を経由する迂回ルートなどいくつかのルートが真剣に検討されたが、結局、旧東海道沿いに金谷宿の先の金山（金谷駅付近）で日坂《にっさか》宿（掛川市日坂）を迂回し堀《ほり》ノ内《うち》（菊川《きくがわ》駅付近）を通る現行ルートに決まった。島田〜金谷〜菊川間の勾配は、牧ノ原隧道を頂点とした10パーミルが連続しており、半径400メートルの急曲線が連続する難所である。決定をみたのは明治20年4月2日で、すでに他地区は着工していた。紆余曲折があったことがうかがえる。

明治20年4月25日に安倍川〜天龍川の区間について陸軍に照会したところ、5月2日に「石部村小浜間は外海に接し居《お》候に付此部分は勉めて内方を通過相成り」（石部村〜小浜間は外海に接しておりますので、この部分は努めて内側を通過するように）と回答。石部付近のルートに難色を示している。同じ海沿いでも、横浜〜国府津間、沼津〜安倍川間が「差支無」という回答だったのとは異なっていた。

「石部村小浜間」を開通した鉄道は、大崩海岸際の山腹に2本のトンネルを穿《うが》って通過しているが、「外海に接し居候」というところからみて、海岸沿いに築堤を構築して鉄道を敷設するつもりだったのではないだろうか。現在の大崩海岸は海食《かいしょく》で砂浜が皆無となってしまったが、明治時代の地形図には海岸の砂浜がはっきり記され、「静浜街道」という道路が海岸に沿って通っていた。

海岸線沿いの線路敷設に陸軍が慎重だったのは、明治18年3月に来日したドイツ陸軍のクレメンス・W・J・メッケル少佐の影響があったと思われる。

メッケルは明治20年初め、『日本国防論』をまとめている。

そこには、強力な艦隊が存在しない日本に敵は容易に侵攻しうるとしていた。敵は、良港またはその周辺に上陸し、港湾を攻略後、運送船で増援を行い、兵力を増やし、基地を拡張。その後、長期戦に備えた敵は、国内で決戦を挑むと推測する。これに対する日本軍は、迅速に兵力を集結させ、先制攻撃をしなければならないとしたが、そのためには鉄道・街道網の整備が必要不可欠と唱えたのである。

鉄道整備の具体策としてメッケルが挙げたのが、青森から下関に通じる本州縦断鉄道と、その鉄道から太平洋側と日本海側に通じる横断鉄道である。とりわけメッケルは、東京から名古屋までの経路を中山道経由から東海道経由に変更したことを非難していた。敵艦から破壊される危険から、鉄道は海岸からできるだけ離して敷設するよう主張していたのである。

仮に東海道沿いに敷設した場合、メッケルは藤沢から小田原までと、沼津から豊橋《とよはし》北西までの区間合わせて約200キロが破壊されるおそれがあるとし、東海道敷設計画の白紙撤回を迫った。明治20年の静岡県内の海岸ルート拒否は、メッケルの考えが陸軍首脳に共有されていた可能性を示している。

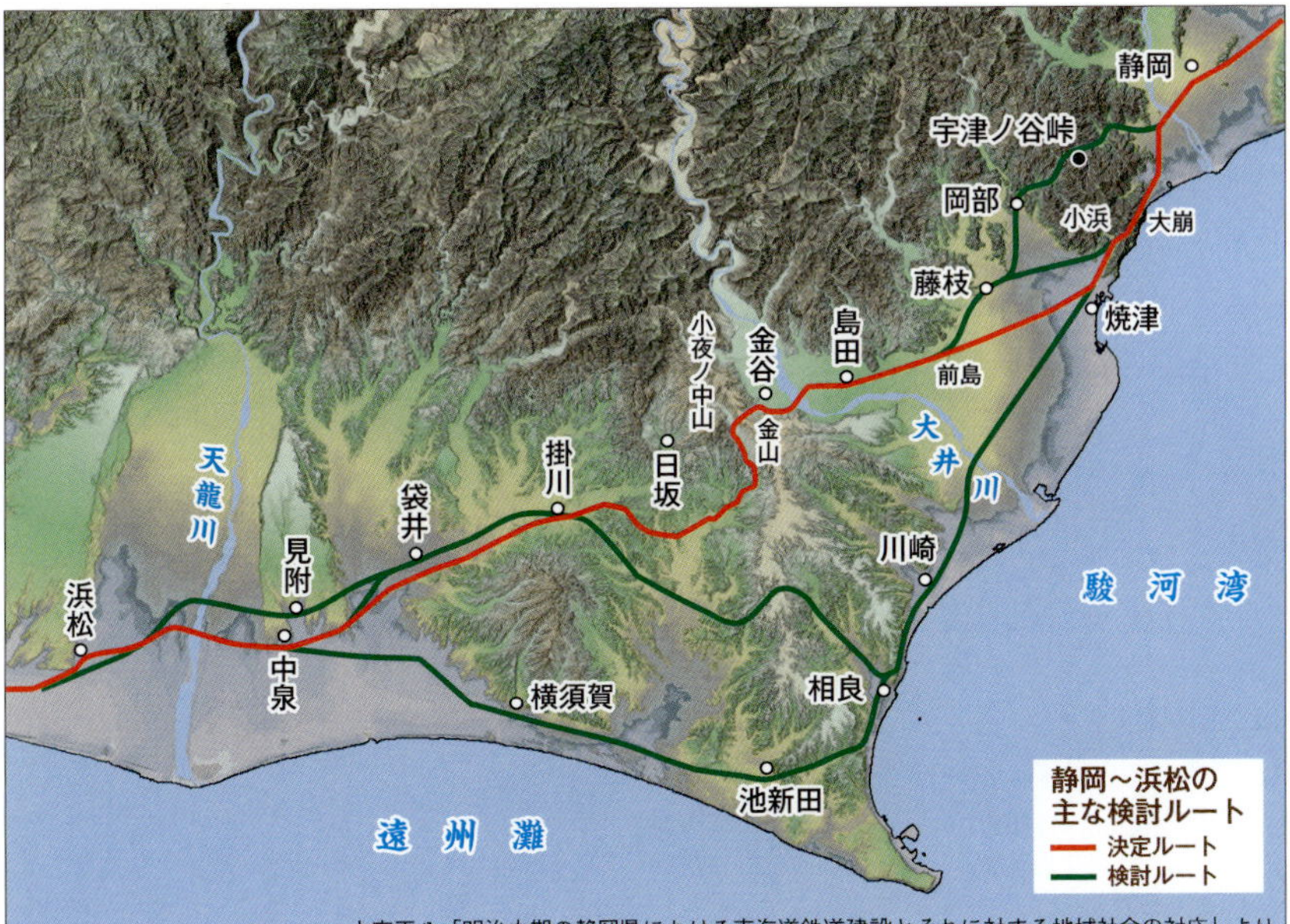

大庭正八「明治中期の静岡県における東海道鉄道建設とそれに対する地域社会の対応」より

大井川橋梁の向こうに茶どころで名高い牧ノ原台地が広がる。手前の下り線の橋梁は、大正３年に架け直されたプラットトラス。

大井川橋梁直前は半径605mの曲線（下り列車から撮影）

単線で架橋された大井川橋梁。ダブルワーレントラスだった。

時計の針を少しもどす。明治19年7月下旬に東海道鉄道敷設決定の報が流れると、早くも8月から、山間部を横断する旧東海道宿場筋と、南部の海岸筋との町村の間で住民を巻き込んだ熾烈な誘致合戦が始まっている。

こうした陳情は、決定直前の明治20年1月中旬ごろまでつづいたようだ。明治19年8月26日、藤枝・見附《みつけ》間の有志は、静岡県知事の関口隆吉に「東海道鉄道ニ付上申」を捧呈している。これには9郡130ヶ宿町村748人の署名と、推進する21人の戸長（村長のような地位）の氏名が連記されていた。「反対運動」があったとされる藤枝・日坂・見附の各宿からも多数の署名が寄せられている。

「宿駅筋有志」にいたっては、明治20年1月17日、静岡県を訪れていた鉄道局長官の井上勝に上申書を捧呈したが、それだけでは安心できなかったのか、翌18日には井上を金谷、掛川まで追いかけ、面会を求めている（熱心な陳情にもかかわらず、彼らの行動が路線選定に影響を及ぼすことはなかったようだが）。

牧ノ原隧道は総延長1056メートルで、開通当初の東海道鉄道で最長のトンネルだった（新しい牧ノ原隧道開通により、このトンネルは廃止）。明治22年4月16日（諸説ある）のトンネル開通をもって、東海道鉄道が結ばれている（長

金谷駅が開業したのは鉄道開通翌年の明治23年。3.3パーミルの勾配上に位置する。ホームと牧ノ原隧道は至近距離。

牧ノ原隧道の菊川方（南側）は上下線が離れており、トンネルを出てしばらくは単線のよう。500m近く先でようやく合流する（下り列車から撮影）

上：旧牧ノ原隧道は、新トンネルの隣で今も口を開けている（内部は閉塞）　左：開通当初の牧ノ原隧道。東海道最後の工事区間で、一部工事は開業後も行われていた。

浜～大津間は琵琶湖の鉄道連絡船利用）。東海道最後の工事区間だったということは、難工事だった証でもある。

明治初期の『東海道筋鉄道巡覧書』では、これまでのさまざまなコースと違ったルートを提案していた。どうやら、旧東海道よりも南に橋を架けて、小夜ノ中山のずっと南を通り、牧ノ原台地を横断するつもりだったようだ。

谷口《やぐち》村（現在の島田市阪本谷口）から直接金谷の原野に登り、原野伝いに平地の牛淵《うしぶち》（静岡県菊川市牛渕）というところに出ます。この間、だいたい平原ですが、登り口下り口とも切り割りができますし、金谷峠・小夜ノ中山の難所を外しています。牛淵から掛川宿へ向かいますが、見附宿のすぐそばに高低差があり、見附宿の西の方に掘割して、近道で天龍川に出ます。

実現性を別とすれば、牧ノ原台地を長短８本のトンネルで横断する東海道新幹線にむしろ近いルートといえるかもしれない（台地を横断する第一高尾山隧道は１７５５メートルあるが、その真上の山中に平成21年〔２００９〕、静岡空港が開港。トンネル内に新幹線駅をという要望が地元の静岡県庁からずっと出されている）。

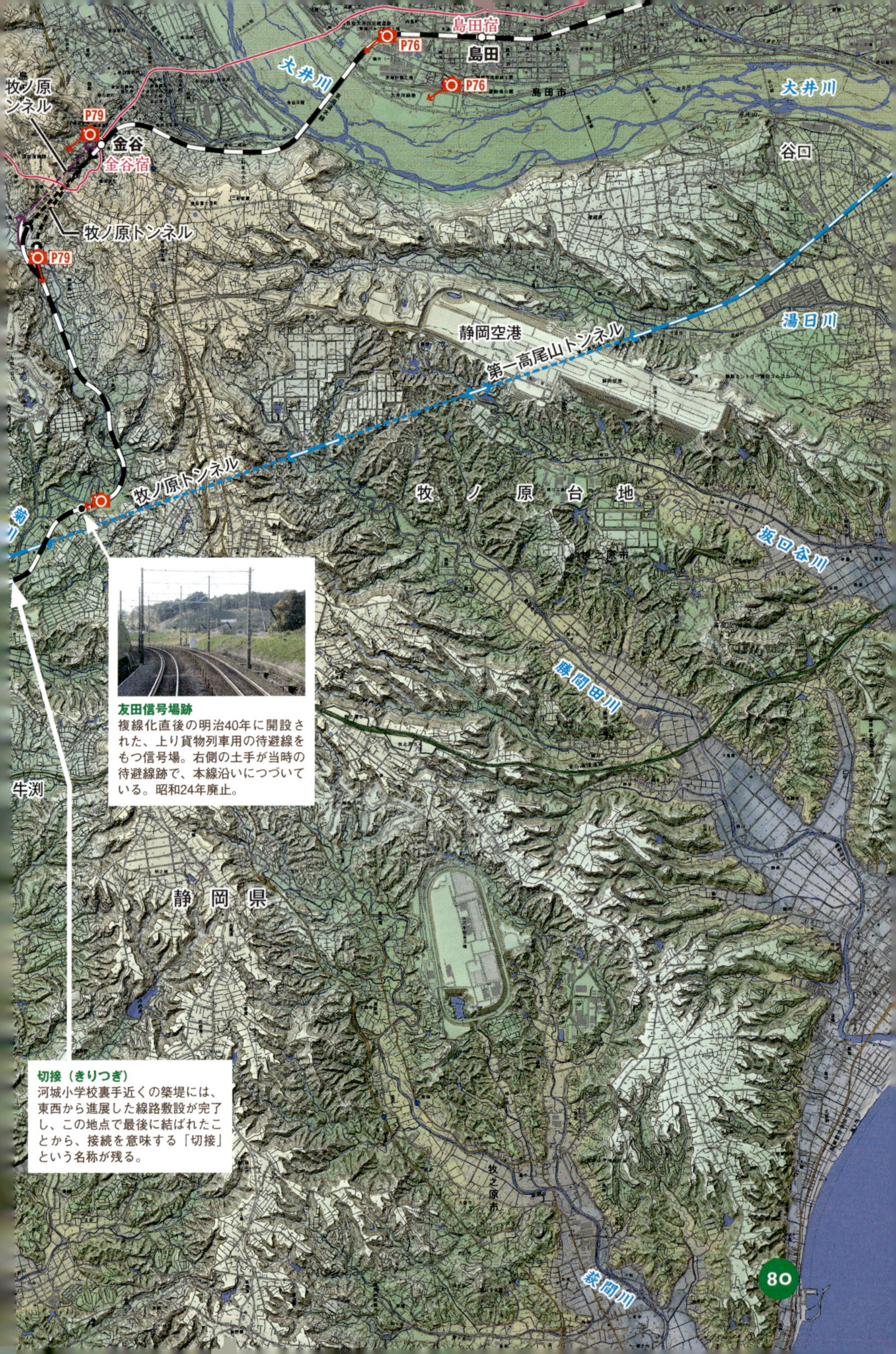

友田信号場跡
複線化直後の明治40年に開設された、上り貨物列車用の待避線をもつ信号場。右側の土手が当時の待避線跡で、本線沿いにつづいている。昭和24年廃止。

切接（きりつぎ）
河城小学校裏手近くの築堤には、東西から進展した線路敷設が完了し、この地点で最後に結ばれたことから、接続を意味する「切接」という名称が残る。

満水（たまり）トンネル
10パーミルの勾配上に長さ125mの満水トンネルが控える。トンネル出口で東海道新幹線の築堤が目に飛び込み、すぐにその下を潜り抜ける。

◉掛川〜豊橋

牧ノ原台地を抜けた東海道本線は、掛川から太田川流域の平野に出る。旧東海道が東西方向に一直線なのに対し、東海道本線がやや南に迂回しているのは、ここに磐田原《いわたはら》台地が横たわるためである。

磐田原台地は、牧ノ原台地や天龍川西岸に広がる三方《みかたが》原《はら》台地と同じ洪積《こうせき》台地である。牧ノ原台地や三方原台地ほどの知名度はないが、多数の古墳が造立され、奈良時代には遠江《とおとうみ》国の国府が置かれた。古くから遠江の中心地だったのである。ところが、敷設された鉄道はこの台地を避けた。

磐田原から天龍川にかけても複数ルートが検討された形跡がある。旧東海道沿いの高台を通るルート（袋井〜見附〜池田〜天龍川〜浜松）と、磐田原台地を迂回して南の低地を通るルート（袋井〜中泉〜天龍川〜国吉〜浜松）の二案である。前者は、標高30メートルまで崖を上がったかと思えば途中の見附宿付近で標高5メートルまで下り、再び標高約30メートルの丘まで上り、天龍川に急勾配で下るのが難点だった。一方、後者のルートは、最高所でも標高15メートル前後と、線路敷設は楽だった。見附宿が反対したから鉄道が南に迂回したという巷説がまかり通っているが、地形を考慮すれば当然の措置だったと理解できる。要は、仮に反対運動が事実だったとしても事実でなかったとしても、路線は迂回ルートを選択しただろうということである。

磐田原台地の南は江戸時代中期まで広大な潟湖が広がっていたところ（遠江の語源になった遠淡海《とおつあわうみ》とは、浜名湖ではなく、この湖を指す説も存在する）で、宝永4年（1707）の宝永地震や嘉永7年（1854）の安政東海地震で地盤が隆起して陸化した。陸地になったとはいえ、標高はせいぜい2メートル程度。潟湖の名残が大池で、海岸から4キロ以上も離れていながら、水位が潮の干満により上下する内陸性干潟という珍しいもの。鉄道は台地をかすめる1ヶ所だけ標高15メートルまで上がるが、それ以外は標高5メートル前後の低地を通過している。

そのあとに通過する天龍川橋梁は、当時日本最長の橋梁で200呎（約60メートル）のダブルワーレントラスを19連連ねた長大なものである。イギリスから輸入し、明治22年（1889）4月に竣工した。天龍川橋梁完成をもって、名古屋以東のすべての橋梁が完成している。

大正2年（1913）に北側に新規架橋された上り線橋

右上：東海道本線最長の天龍川橋梁架設工事。開通当初はダブルワーレントラス19連だった。この橋梁はのちに下り線用になったが、大正４年に架け替えられ、旧橋梁は各地の私鉄に払い下げられた。その１連が箱根登山鉄道の出山橋梁。
右下：現在の天龍川橋梁。手前の下り線は上り線の橋梁を移設して昭和44年に開通。上り線は昭和43年の完成。　上：左側（現在下り線）の橋梁はかつての上り線を転用したもの。大正２年に上り線を増設した際、広軌に対応できる規格で設計され、架橋された（下り列車から撮影）

梁は、将来の広軌化をにらみ、「広軌」（線路幅１４３５ミリの標準軌のこと）に則った線路規格で架橋された。着工当時の鉄道院総裁が熱烈な広軌論者の後藤新平（逓信大臣と兼務）だったことで実現したのである。なお、最初に架橋された橋梁（下り線）は、大正4年に架け替えられた際に各地の私設鉄道に払い下げられたが、そのうち1連は、大正8年に完成した箱根登山鉄道箱根湯本〜強羅《ごうら》間の出山《でやま》橋梁（早川《はやかわ》橋梁）に転用され、現在も使われている。

昭和19年（１９４４）12月に発生した東南海《とうなんかい》地震で橋梁は被災。上り線橋梁は昭和43年に架け替えられたが、この橋梁は、隣の下り線橋梁に転用された（昭和44年竣工）。

『東海道筋鉄道巡覧書』では、浜松〜二川《ふたがわ》（現在の愛知県豊橋市二川町）間のルートは、浜松から北西の気賀《けが》宿（静岡県浜松市北区細江《ほそえ》町気賀《きが》）を経て浜名湖北岸を回るルートと現在の東海道本線が通る浜名湖南端の今切《いまぎれ》（外界との湖水の出入口）を渡るルートの両方挙げられており、決めかねていたようである。浜松から浜名湖北岸を回って御油《ごゆ》に抜ける道筋は、姫《ひめ》街道（本坂通《ほんざかどおり》）と呼ばれ、東海道の脇街道として知られていた。

天龍川から浜松を通過し、そこから三方ヶ原を通り、気賀宿の西の方まではおよそ平地であります。もっとも、三方ヶ原から気賀宿への下り口は切り通しが必要となるでしょう。

気賀宿の外れからしだいに海岸沿いになったり山手に入ったりしながら二川宿に出ます。道筋は非常に屈曲しており、大崎《おおさき》（現在の浜松市北区三ヶ日町大崎）と横山《よこやま》（湖西市横山）というところにいたっては、海岸と隔絶して水深は甚だ深く、大知波《おおちば》（湖西市大知波）というところでは、ひどい難所であります。そこからは原野伝いに平地を二川宿に出ます。

また、浜松から舞坂《まいさか》（浜松市西区舞阪町）までは平地で、今切の内海（浜名湖）を渡って新井《あらい》宿（新居宿。湖西市新居町）に出て、そこから白須賀《しらすか》宿（湖西市白須賀）手前には塩見坂《しおみざか》（潮見坂）というところがあり、ここは絶壁でひどい難所ですが、二川宿の最寄りの平地につづいている谷筋もあります。特に今切は、干潮でも切り口わずか20鎖（約400メートル）、深さ4、5尺から1丈5、6尺（約120～480センチ）で、両岸は遠くまで張り出して洲の上はいたって幅広であります。ゆえに、今切内海（浜名湖）の切り口は地盤の様子次第で橋も架けられ、気賀越えの難所と比較して、かえって費用も安くできると思われます。

実際の敷設段階では、姫街道ルートが検討された形跡はない。おそらく浜名湖北岸の地形のむつかしさと、三方原台地への比高50メートル近いアプローチの険しさを考慮してのことだろう。

明治19年12月17日、天龍川～新居間について陸軍省に照会し、全体として「差支無」という回答を得ている。ただし、参謀本部陸軍部から陸軍省に対し、「浜名湖口今切に架設の橋梁は外海と接し居《おり》戦時砲撃の患も有之候に付此部分は勉めて内方を通過」という指示があった。「今切」は、幅約200メートル（明治時代は約900メートルあった）の瀬戸（水道）で、浜名湖が太平洋とつながる部分を指す。鉄道が、1本の橋梁で済む海岸沿いの今切口を避け、弁天島を介して3本の橋梁で浜名湖を横断する北側（湖寄り）の現行ルートを選択したのは、あるいはこの指示が影響した可能性がある。

このときの「戦時砲撃の患」は、58年後の昭和20年7月29日、浜松周辺への激しい艦砲射撃という形で的中する。ただしこの区間が東海道本線の弱点だということは昭和期の陸軍も認識しており、艦砲射撃による東海道本線寸断という事態を想定し、掛川から浜名湖北岸を迂回して豊橋に至る路線を計画。昭和8年4月に東西から着工し、昭和15年6月に全通している。これが二俣《ふたまた》線（現在の天竜浜名湖鉄道）である。

浜名湖を渡りきると、線路は旧東海道を離れて急に北に向きを変える。これにも地形上の理由があった。浜名湖の西には、旧東海道有数の難所である潮見坂が控えていたのだ。潮見坂は1キロ足らずの区間で高低差が70メートルにも達する。道路の平均斜度は4度から5度。これをパーミルに換算すれば70〜80パーミルに相当し、碓氷峠の66・7パーミルを超え、箱根登山鉄道（最大80パーミル）に匹敵する。これでは明治時代に鉄道敷設はできない。

東海道本線は浜名湖を３本の橋で横断する。いちばん西に位置する第三浜名橋梁は昭和27年の竣工。途中に航路が設けられている。潮の満ち干きもあり、海を渡っている感覚にとらわれる。

鉄道開業当初、浜名湖を渡って最初の停車場だった鷲津《わしづ》の標高は、3・2メートル。そこからは新所原《しんじょはら》駅の東約1キロの頂点（標高36メートル）まで30メートル以上を一気に上る。確かにこの区間も傾斜地には違いないが、10パーミルの勾配にとどまり、旧東海道の潮見坂と比較すればずっとゆるやかだった。

鷲津の次の新所原駅は、二俣線が三ヶ日《みっかび》まで部分開業（二俣西線《さいせん》）した昭和11年に開設された新駅で、駅のすぐ西が静岡・愛知県境である。新所原を過ぎると、次の二川までは梅田《うめだ》川の谷に沿って下りとなるが、二川を過ぎると再び10パーミルの勾配で岩屋観音の西にある標高33メートルの地点に達する。そこから線路は下りに転じ、高師原《たかしはら》と呼ばれる広大な台地を通って、豊橋に向かう。豊橋駅の標高は8・8メートルである。

豊橋の町は、もとは吉田といった。だが、明治維新直後の新政府が、伊予吉田藩と同名であるということを理由に、吉田藩に改名を要請（当時の藩主が、早くから官軍に降《くだ》った伊予吉田藩と同名であることを嫌い、みずから改名したという説もある）。吉田藩が、豊川に架かる豊橋に因み豊橋藩を名乗ったことで、地名も豊橋となった。豊橋駅は、当初から旧東海道吉田宿（城下町でもある）のすぐ西に立地しているが、浜松とは違い、線形《せんけい》は無理なく敷設されている。

太田川橋梁
東海道新幹線を左手に眺めながら長さ136mの太田川橋梁を通過。右手に見える丘は、磐田原台地の先端部分である。

大池
５月から９月ごろまでは水門を閉め農業用溜池として使用されるが、それ以外の時期は水位が潮の干満によって変化し、干潮時には干潟が出現。春秋を中心に多数の渡り鳥が飛来する。

浜松駅の変遷

昭和54年に高架化されるまでの浜松駅は、今より北西寄りだった。当初予定された駅の位置は、現在の駅より１kmほど南方の市街地外れの龍禅寺だったが、地元住民の誘致運動により、城下町に近づけて設置されたらしい。ところがのちの新幹線計画では、在来線駅とは別に新駅を開設する方向となった。戦前の「弾丸列車」計画では浜松駅から約3.3km北の曳馬駅付近、戦後の計画では、在来線と新幹線が交差する浜松駅西の浜松機関区付近に新駅が設置される予定だった。地元の反発で既存の浜松駅に新幹線ホームを建設することに落ち着いたが、東海道本線の線形が災いし、新幹線は在来線と150mも離れることになった。開通当時、在来線と新幹線ホームをつないでいたのは跨線橋１本だけで、両者の間には民家が密集していた。

0 500 1000 m
北区
気賀
都田川
天竜浜名湖鉄道
引佐細江
静岡県
浜松市
北区
浜名湖
西区
浜松市
西区
花川
庄内半島
伊左地川
浜松市
西区
東神田川
浜松市
西区
新川
高塚
P85
弁天島
舞阪宿
舞阪（旧・馬郡→舞坂）
今切
遠州灘

新所原駅
新所原は、静岡・愛知県境の駅。西を望むと、豊橋まで乗り入れていた二俣線のレールが途中で切れている様子や、車窓からよく見える立岩が確認できる。

高師原と高師小僧

二川～豊橋の丘陵一帯は、高師原と呼ばれた。明治41年に陸軍の第十五師団が渥美郡高師村（現在の豊橋市南部）に移駐すると、全体が高師原演習場となった。戦後、奥三河の北設楽郡豊根村民や旧軍人らが集団入植し、彼らの手で開拓が始まる。ただ、長年演習場だったため、表土は踏み固められ、耕作には適さなかった。台地で目ぼしい河川もなく、高師原の開拓が軌道に乗るのは、昭和43年の豊川用水通水以降である。高師原は、「高師小僧」を産出することで知られる。植物の根などの周囲に沈着した管状の褐鉄鉱のことで、以前は刀傷の薬としたこともあったらしい。

◉豊橋～名古屋

豊橋を出ると、線路はさらに下り、その後豊川《とよがわ》と豊川放水路を相次いで渡る。豊川橋梁がガーダー橋なのに対し、放水路の橋梁がワーレントラス橋なのは、おそらく架橋年代の違いに起因するのだろう。放水路の開削は昭和13年（1938）に始まり、戦争による中断を挟んで、昭和40年に完成している。因みに東海道新幹線の橋梁は、豊川、豊川放水路ともワーレントラスである。

　豊川放水路を越えたあたりから、東海道本線は旧東海道沿いを離れて左に折れ、海岸沿いへと進路を変える。豊橋～名古屋間の特徴は、鉄道が旧東海道から大きく外れている点にあるが、なぜそういうことになったのか。

　まずは佐藤与之助と小野友五郎の『東海道筋鉄道巡覧書』を見てみよう。ただし、見出しは「東海道鉄道線大坂より三州二《ふ》タ川《がわ》駅迄里程幷地形概略」となっており、これまでとは異なり、西から東に向けて記述していることに留意されたい。これは、大阪を起点に、豊橋のひとつ東の二川まで、西から東へと踏破しているためである。

> 名古屋宿から熱田宿・鳴海《なるみ》宿までは少々高低があり、天幕川《てんまくがわ》（天白川《てんぱくがわ》）もありますが、極難というほどではありません。鳴海宿から岡崎までは少々高低がありますが平坦地も多いです。ただし、相妻川《あいづまがわ》（逢妻川）・境川・矢《や》矧川《はぎがわ》（矢作川）・松葉川《まつばがわ》（伊賀川《いががわ》）などの河川が流れ、多分に水難地であります。岡崎宿から藤川《ふじかわ》宿までは平坦地が多いです。藤川あたりでところどころ高低があり、大《おお》平川《ひらがわ》（乙川《おとがわ》）などがあるため水難もあります。藤川から赤坂・御油宿に達します。この区間は山あいが迫り、狭く高低があります。ところどころに小川が流れており、切り通しが必要で費用もかさむでしょう。御油宿から豊橋宿を経て二川の宿駅に到達します。この区間はおおよそ平坦で二川あたりで少々高低があり、切り通しも必要です。途中に豊川が流れていますが、水難の危険はないでしょう。

旧東海道を忠実にたどる淡々とした記述からは、この区間がさほどの難所とは伝わってこない。おそらく調査した当人たちも同じ感想を抱いたのではないだろうか。

　明治17年（1884）5月、鉄道局長だった井上勝は、この区間の旧東海道ルートを視察しているが、特に困難だと認識した様子は見られない。その後明治18年2月に派遣された工部省鉄道局工務技長の原口要らがあらためてこのルートを調査したが、ここでも特段困難だとは判断していない。

具体的な測量作業は、明治19年8月に工部省鉄道局技師だった南清らの手によって始まった。このとき初めて額田《ぬかた》郡本宿《もとじゅく》村（現在の岡崎市本宿町）付近の勾配を把握したようだ。だが、代替経路などルート確定はできなかった。

明治19年度末までに、横浜から熱田にいたる東海道の未開通区間全線の測量作業が終わったが、豊橋から半田《はんだ》線（現在の武豊線）との接続地点までの経路は確定できなかった。

豊川放水路は昭和40年に通水したが、橋梁は昭和38年に完成していた。東海道本線と飯田線の３線を支えるため、頑丈な太い鋼材を用いた垂直材入りのワーレントラスの構造。

豊橋〜半田線接続地点間の路線決定が遅れた主因は、二つあったと考えられている。ひとつは御油から藤川にかけて、山間で狭隘な土地に敷設しなければならなかったこと。しかも当時の勾配の限界とされた10パーミルを大きく超えていた。この区間には大正15年（1926）、旧東海道沿いに愛知電気鉄道豊橋線（現在の名鉄名古屋本線）が敷設されたが、本宿を中心とする愛電赤坂（現在の名電赤坂）〜美《み》合《あい》間には60分の1（16・7パーミル）の勾配が連続し、標高差は約70メートルに達する。ただし、箱根越えや関《せき》ヶ原《はら》に25パーミルという勾配が存在したことを思えば、敷設することは不可能ではなかったはずである。

もうひとつ、橋梁架橋の問題もあった。旧東海道沿いに線路をもってくると、矢作川に加えて乙川、伊賀川が流入する合流点にあたるため、橋梁の長さをおそらく約700メートル以上に延ばす必要が出てくる。これでは富士川などを超える長大橋梁となってしまう。したがって、実際の架橋地点が岡崎城下町に最も近づけられる限界だった。

岡崎を無視して短絡するのであれば、東海道新幹線のルートのように幸田《こうだ》駅付近から北西に線路を敷設して岡崎平野（西三河平野）を一直線に名古屋をめざした方が工期も費用もかからず、列車の所要時間も短かったはずである。だが、実際の敷設ルートは北に大きく迂回しており、西三河最大の都市である岡崎に配慮していた跡が見て取れる。とはいえ、この停車場は、旧岡崎城下町からは3キロ以上離れており、所在地は岡崎町外の額田郡羽根《はね》村（現在は岡崎市内）だった。鉄道開通から1年後の明治22年10月、岡崎停車場のできた羽根村が、町村制施行とともに周辺の4村と合併して岡崎村を名乗ったのは興味深い。

旧東海道を避けたルート決定の謎を解く鍵は、一通の手紙にあった。鉄道技師の松田周次が出した長島藤六郎宛書簡（明治21年1月16日付）である。長島は、宝飯《ほい》郡（愛知県豊川《とよかわ》市・蒲郡市とほぼ重なる地域）の書記（郡役所で郡長に次ぐ地位）を務めていた。

大意としては、「東海道線の予備測量の時点では、豊川（豊橋の西を流れる一級河川）の西に位置する小坂井《こざかい》（現在の豊川市小坂井町）付近において、現在の線路から分かれ、国府《こう》（豊川市国府町）～御油（豊川市御油町）～赤坂（豊川市赤坂町）～藤川（岡崎市藤川町）～岡崎まで（旧東海道筋で）ほぼ決定していましたが、赤坂～藤川間の地勢は狭隘かつ急勾配がつづき、容易に線路を敷設できません。いろいろ苦心していたところ、幸いあなたに面談する機会に恵まれ、当地の状況や地勢を伺ったところ、小坂井～西方《にしがた》（豊川市御津町《みとちょう》西方。愛知御津駅付近）～蒲郡～深溝《ふこうづ》（額田郡幸田町深溝。三ヶ根《さんがね》駅付近）～岡崎に至るルートはほとんど平坦で急勾配も必要なく、工事が容易であることを知り、直ちに予備測量に着手したところ、あなたの言ったとおり迷わず現在の路線を得られました。これはつまるところ、あなたの提案のおかげでして、もしあなたがいなかったら、この路線を見つけることはできなかった。ただただ感謝するばかりです」といったものである。

赤坂～岡崎付近の地形に悩んでいた松田が、長島による海岸ルートの提案で解決策を見いだし、喜ぶ様子が文面からも見て取れる。この海岸ルートについては、佐藤与之助と小野友五郎の踏破ルートでもまったく触れられていなかったから、松田にとって暗闇から光が差すような思いだったろう。

長島が蒲郡を通る路線を提案したのは明治19年9月ごろだったらしく、同年12月、松田らが測量を行っている。長島は蒲郡近郊の神之郷《かみのごう》村（現在の蒲郡市神ノ郷町）の素封家に生まれ、戸長から郡役所に登用された人物である。やり手だったらしいが、その後昭和期にいたるまで、岡崎の人々からは鉄道を岡崎市街から離した張本人として恨まれたようだ。

蒲郡は、南に海が広がり、残る三方を山に囲まれた独特の地形である。鎌倉（神奈川県）をひと回り大きくしたような形だと思えばいい。しかし、当時は地形図がまったく

昭和９年、外国人誘致の国策の一環として建設された蒲郡ホテル（現・蒲郡クラシックホテル）。山の下の海岸沿いには、かつてホテルを凌駕する規模の常磐館の日本建築が並んでいた。東海道本線や新幹線の車窓からは、古城のように山上に聳えるホテルの姿が一瞬見える。

上：蒲郡ホテルから眺めた景勝地の竹島。海岸には常磐館（料亭旅館）などの建物が甍を連ねていた。
下：乃木大将像と弘法大師像が建つ三谷温泉。市営のロープウェイが乃木山（手前の丘）と弘法山（後方の丘）を結んでいた（以上、昭和30年代の絵葉書）

未整備で、客観的なルート検討はできなかった。最も詳しかった伊能図でも、蒲郡周辺の海岸部は山また山に描かれており、東海道鉄道敷設に際しても、海岸迂回ルートという発想は浮かばなかったのかもしれない。

鉄道唱歌に「東海道にてすぐれたる　海のながめは蒲《がま》郡《ごおり》」と歌われたように、三河湾に面した一寒村の蒲郡《かまごおり》に停車場が開かれたことで、蒲郡は東海道沿線屈指の保養地として大発展を遂げる（当初は東隣の漁村、三谷《みや》村内に造られる予定だったが、三谷の海運業者が反対したため、蒲郡に造られた）。関東と関西のちょうど中間地点付近で、1〜2泊圏内にあったこともほどよい距離感だったのだろう。

豊橋〜半田線接続地点間全体の路線が決定するのは明治20年5月だが、難工事とされた星越山《ほしごえやま》隧道（下り304メートル）は、明治20年1月に着工していた。トンネルは明治21年6月に素掘りで開通し、畳築が実施されたのは、鉄道開業から5年後の明治27年だった。余談ながら、星越山という山は存在せず、トンネルが貫く山の名は原山《はらやま》という。トンネル名称の由来は、星越峠近くに建設されたトンネルだったからで、丹那隧道が当初丹那山隧道だった逸話と似ている（地元では昔からもっぱら星越トンネルと呼ぶ）。

昭和戦前期の弾丸列車計画では、二川〜蒲郡（宝飯郡塩《しお》津《つ》村（現在は蒲郡市内））間は土地買収がほぼ終わっており、のちに星越隧道となる弾丸列車用のトンネル（410メートル）も、単線トンネルを並列する形で星越山隧道の約150メートル北に建設が進んでいた。このトンネルは戦後、東海道本線上り線のトンネルとして供用された。東海道本線の電化工事を行うにあたって、旧トンネルの改良工事を行う必要があったためである。その後東海道新幹線工事が再開されると、東海道本線上り線は再度旧線上に付け替えられ（昭和37年（1962）4月）、星越隧道は複線用トンネルに改築されて新幹線に供用された。

もうひとつの難所である矢作川橋梁工事に着手するのは、路線確定から間もない明治20年7月で、約1年後の明治21年6月に完成している。橋の総延長は、1139呎（347メートル）だった。

豊橋〜岡崎間のルートが確定した後問題となるのは半田線（武豊線）との接続地点だが、名古屋東部から知多《ちた》半島にかけては尾張丘陵と知多丘陵が南北に縦断しており、丘陵の東には尾張・三河国境となっている境川が谷を刻んでいた。そうなると、現行ルートしか選択肢はなかった。半田線と東海道鉄道との接続点となる大府《おおぶ》停車場が開業するのは、明治20年9月である。

畳築が間に合わず、素掘りのトンネルとして開通した星越山隧道。左の下り線が開通当初のトンネル（電化の際に改築）

新幹線の星越隧道。昭和37年まで在来線（上り）が使用。

岡崎と大府の中間に唯一新設された停車場は、「刈谷《かりや》」という名前になった。ただし、刈谷の城下町は、停車場とは2キロ以上も離れていた。もともと碧海《へっかい》郡箕輪《みのわ》村（現在の安城《あんじょう》市内。三河安城駅付近）に停車場が開設されようとしていたのを、誘致運動の結果、刈谷方向（西側）に近づけたものである。停車場の位置は知立《ちりゅう》街道に面しており、東海道の宿場町として栄えた知立まで3キロという距離だった。当初この停車場は、刈谷でなく知立と名づけられようとしていたらしい。

鉄道開通直後、岡崎〜刈谷間に新たな停車場を求める運動が起こった際も、6キロ以上離れていたにもかかわらず、再び知立が駅名候補に挙がっている（明治24年に開業したこの停車場は、立地する村名をとって安城という名前になった）。

停車場の「知立」命名は成就しなかったが、豊橋と蒲郡の中間に設置された停車場は、約3・5キロも離れた東海道の宿場町の御油という名称がつけられた。明治維新から20年が過ぎようとしていたが、知立といい御油といい、宿場の知名度は依然として高かったのである。昭和4年、旧東海道沿いを走る愛知電気鉄道豊橋線の新駅が旧御油宿そばに開業したが、東海道本線御油駅があったために、新駅は本《もと》御油と名乗った。開業から60年目の昭和23年8月（東隣に西小坂井駅が開設されたのと同日）、ようやく所在地の宝飯郡御津町（現在は豊川市御津町）に因んだ愛知御津駅（「三河」でなく「愛知」を冠したのは、当時の隣駅が三河三谷《みかわみや》で、「三河御津」とした場合、最初の4音が同一で混乱をきたすため）に改称。翌昭和24年3月、名鉄の本御油駅はようやく御油駅を名乗ることができた。ただし愛知御津駅そばの踏切は、今も御油踏切である。

COLUMN

地名と駅名

地名と駅名というのは古くて新しい問題である。蒲郡は、明治9年に蒲形《かまがた》村と西之郡《にしのこおり》村が合併して生まれた新地名だ。蒲郡村の「蒲郡」の読みは「かまこおり」が正しいが、停車場の読みが「がまごおり」とされてしまったため、こちらの方が有名となり、昭和29年に誕生した蒲郡市の読みは正式に「がまごおり」とされた。地名を駅名に合わせたのである。滋賀県の米原町も、市になるまでは「まいはら」だったが、市制を施行する際、駅名に合わせて「まいばら」としている。

幸田の場合はややこしい。幸田駅の読みは「こうだ」だが、幸田町の読みは「こうた」である。ところがこれは、鉄道当局が誤ったわけではなさそうなのだ。以下は幸田町役場の見解である。当時の村名は広田《こうだ》村といった。ところが福島県の磐越西線に「広田《ひろた》」という停車場が存在したため、新駅を「こうだ」と読める「幸田」としたのだという。因みに広田村は駅の開業直前に駅名に合わせて幸田村と改称している。町制施行した幸田町は、昭和29年に隣の豊坂《とよさか》村と合併。その際、幸田町の読みを「こうた」に改めたとする。

ただ、著者（蒲郡市出身）の記憶から言えば、明治・大正生まれの人たちの方が「こうた」と呼ぶ率が高かったと思う。昭和29年以前から「こうた」という呼び方が一般的だったのではないかという疑念が拭えない。

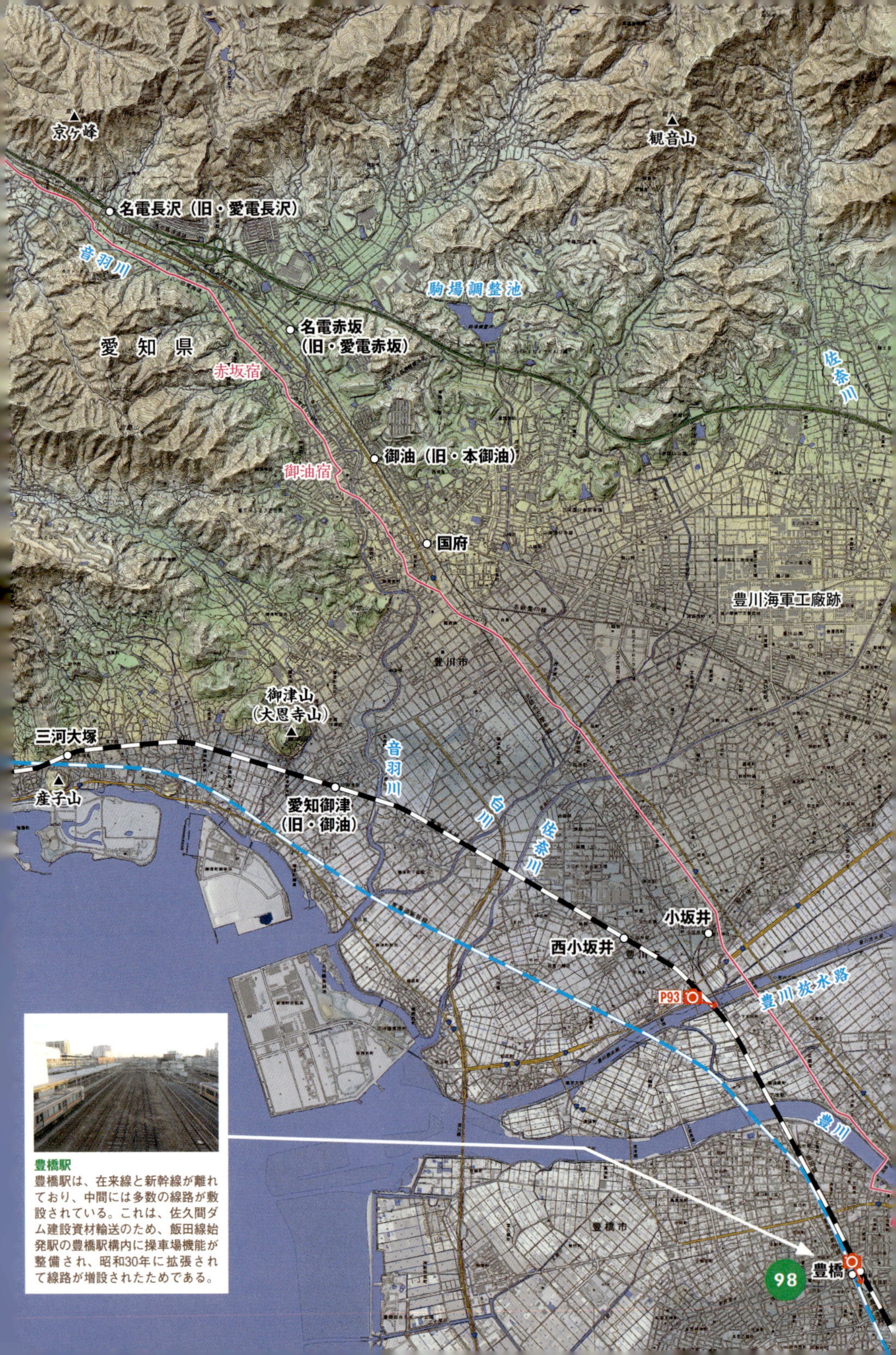

豊橋駅
豊橋駅は、在来線と新幹線が離れており、中間には多数の線路が敷設されている。これは、佐久間ダム建設資材輸送のため、飯田線始発駅の豊橋駅構内に操車場機能が整備され、昭和30年に拡張されて線路が増設されたためである。

深溝（ふこうづ）断層

三ヶ根駅付近の集落は深溝という。もともと深溝津と呼ばれていたらしく、肥前島原藩主の深溝松平家の故地でもある。三ヶ根駅付近に三河地震で隆起した深溝断層の一部が保存されている。三河地震は、昭和20年 1 月13日未明に発生した大地震で、3000人以上の死者・行方不明者を数えたが、戦時中だったため、被害が詳しく報じられることはなかった。

崎宿
岡崎市
乙川
乙川
大平川（乙川）
男川
山綱川
美合
岡崎市
藤川宿
鉢地川
竜泉寺川
岡崎市
本宿
愛知県
鉢地川
旧東海道・
吉田（豊橋）
〜岡崎間の
最高地点
（112m）
幸田町
遠望峰山

0 500 1000 m
明治用水中井筋
三河安城
三河安城
安城
安城市
岡崎市
西岡崎
大樹寺
伊賀川
岡崎城
東岡崎
矢作川
明治用水東井筋
鹿乗川
岡崎
安城市
朝鮮川
古部川
岡崎市
東海道新幹線の最長直線区間
東海道本線幸田駅との交差地点付近（298・314キロ）から三河安城駅の先の吹戸川付近（314・312キロ）までの約16kmである。
矢作川
安藤川
西尾市
広田川
相
矢作古川
矢作川の流路変更
かつて矢作川は矢作古川の流路を流れていたが、しばしば洪水に見舞われていた。1605年に台地を開いて現在の流路に変更。
菱池干拓地
西尾市
広田川
幸田

三好池
若王子池
勅使池
愛知用水
境川
若王子川
愛知県
逢妻女川
皆瀬川
逢妻川
池鯉鮒宿
知立
逢妻男川
0 500 1000 m
妻
刈谷
猿渡川
野田新町
吹戸川
明治用水中井筋
東刈谷
三河安城
依佐美送信所跡
三河安城

笠寺
名古屋港
鳴海宿
扇川
尾張丘陵
大高
天白川
大高緑地
トドメキ川
南大高
水主ヶ池
愛知用水
共和
大田川
鞍流瀬川
大府
石ヶ瀬川
石ヶ瀬川
尾張森岡
信濃川
岡田川
知多丘陵
愛知用水
緒川
武豊線
佐布里池
美濃川
石浜

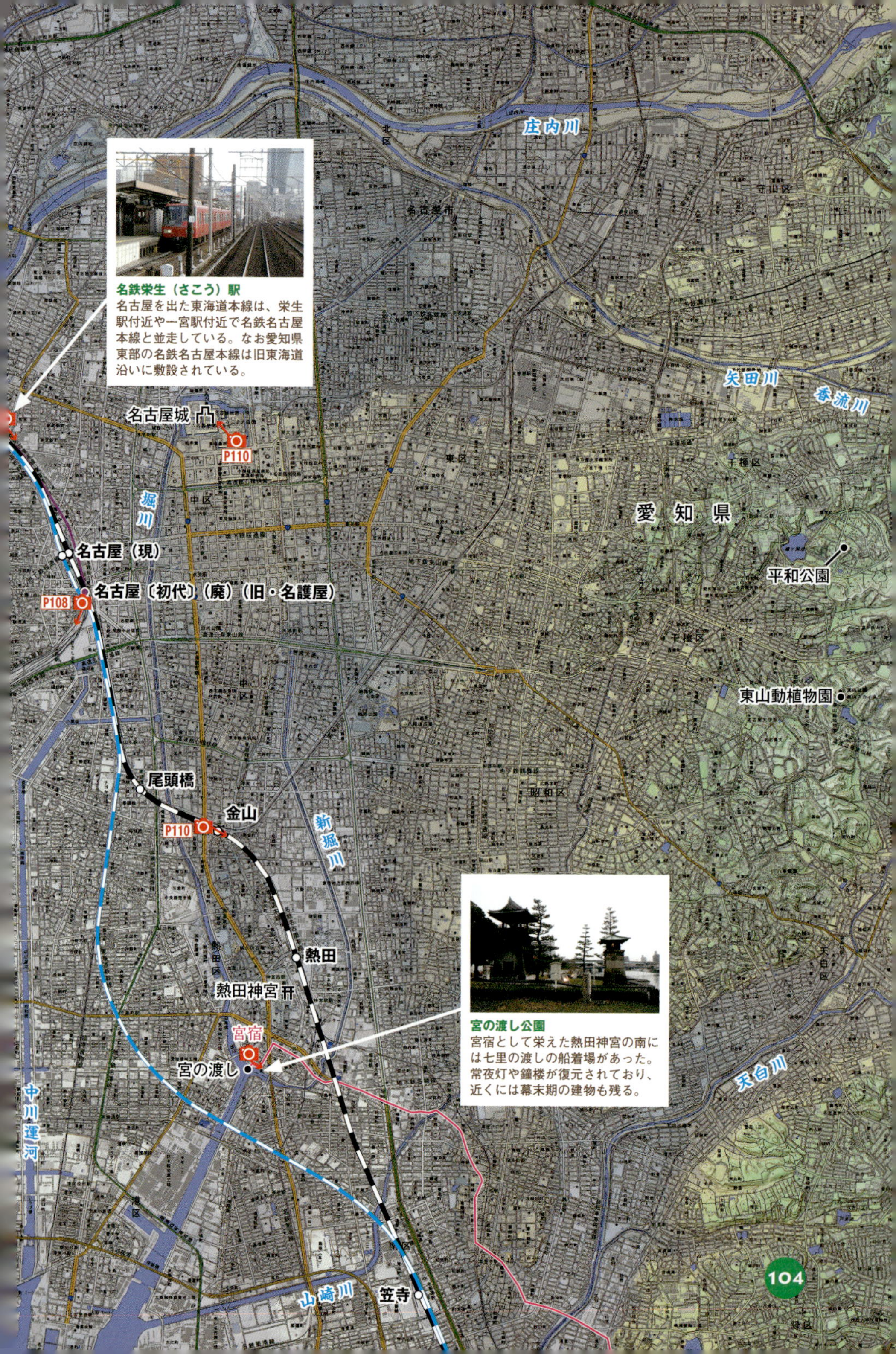

名鉄栄生（さこう）駅
名古屋を出た東海道本線は、栄生駅付近や一宮駅付近で名鉄名古屋本線と並走している。なお愛知県東部の名鉄名古屋本線は旧東海道沿いに敷設されている。

宮の渡し公園
宮宿として栄えた熱田神宮の南には七里の渡しの船着場があった。常夜灯や鐘楼が復元されており、近くには幕末期の建物も残る。

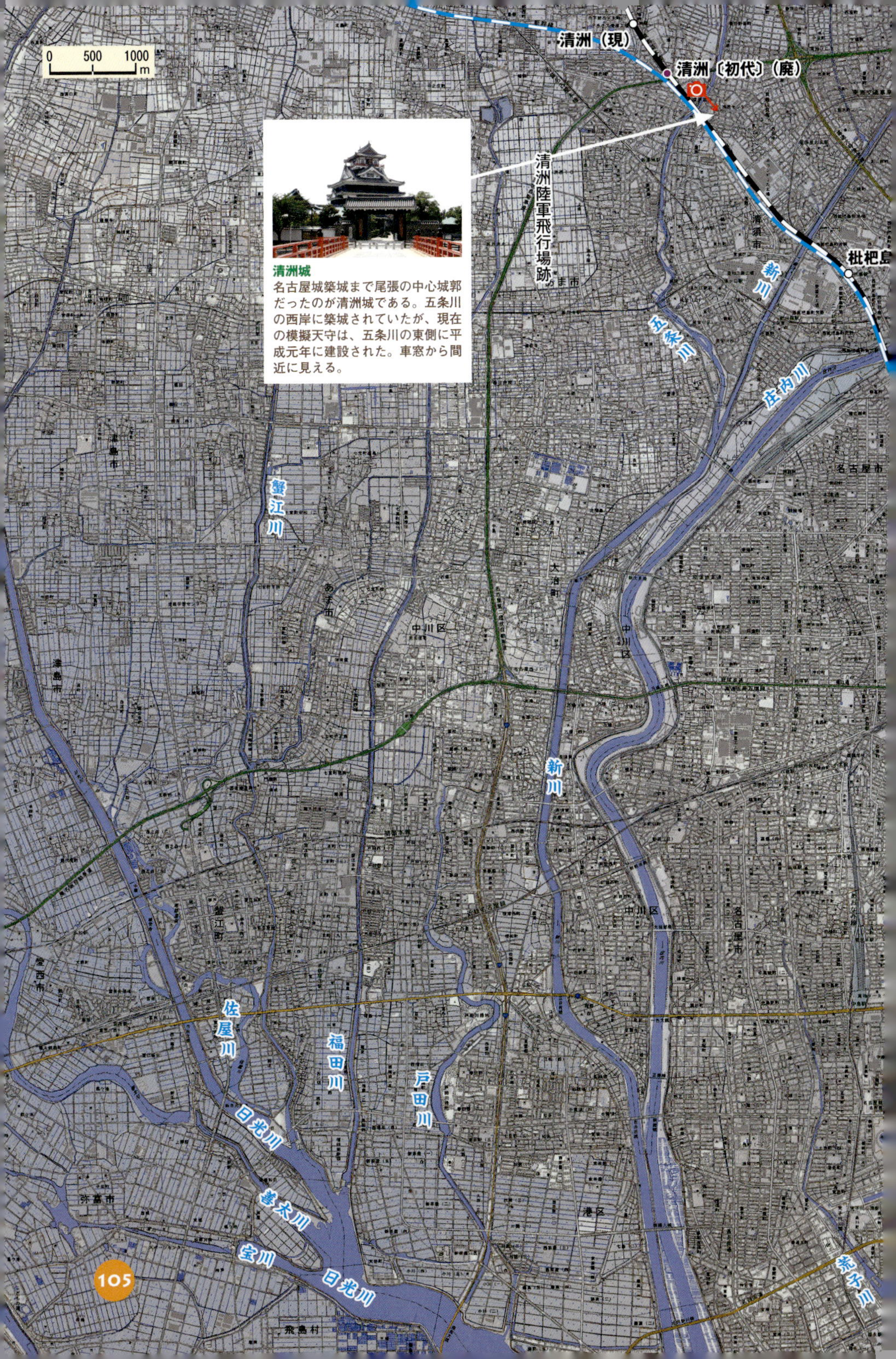

清洲城
名古屋城築城まで尾張の中心城郭だったのが清洲城である。五条川の西岸に築城されていたが、現在の模擬天守は、五条川の東側に平成元年に建設された。車窓から間近に見える。

◉名古屋～大垣

名古屋を出た下りの東海道新幹線は、岐阜を経由することなく濃尾《のうび》平野を北西に直進し、一直線に関ヶ原方面に向かっている。しかし旧来の東海道本線は北上して、いったん岐阜に立ち寄る。その不自然な線形は、「突起」とでも表現したいほどである。岐阜に迂回して線路が敷設されているのは、もともと岐阜以西が中山道幹線として敷設され、将来的に線路を岐阜から中山道沿いに木曽谷へと延長する予定だった時代の痕跡なのである。

明治7年（1874）12月には、当時の鉄道建設の東端だった京都を起点に、熱田までの区間で測量が始まっている。これには、京都～敦賀間の測量が終了し、御雇外国人の雇用期間が終わる前にできるだけ測量してしまおうという意図があったらしい（明治9年前後に雇用期限を迎える御雇外国人が多かった）。動員された外国人は10人以上に上り、彼らの指揮で測量を実施している。

この時点では、両京幹線は中山道沿いというのがほぼ既定路線だったため、中山道に沿った加納（現在の岐阜駅付近）以西が両京幹線の一部に位置づけられ、熱田・名古屋から加納までは、「尾張線」と仮称された支線に過ぎなかった。測量区間の終端が熱田なのは、資材の荷揚げ線として港町の熱田までの敷設が不可欠だと想定されたためである。熱田は宮宿《みやのしゅく》という名で、江戸時代は東海道七里《しちり》の渡しの発着港でもあった。

ところが、この測量作業は、明治8年9月5日に中止が命じられる。鉄道建設の資金が枯渇したためであるが、政府内部に、莫大な資金を必要とする鉄道事業の先行きに不安を覚える者が多いことも大きかった。背景には、井上馨らが主導した、国内運輸を海運中心で整備していく政府方針と海運保護政策の存在があった。事実、鉄道測量中止命令直後の9月15日には、内務省は三菱商会に対して、船舶の無料払い下げと年額25万円の補助金支給を骨子とする命令書を交付している。

征韓論に端を発した国内状況の不安定化で、政府が動揺したのもこの時期である。西郷隆盛や前原一誠以下、政府を支えてきた枢要な人物が続々下野し、士族の不満は各地で高まりつつあった。新政府による国内統治そのものに対する軋《きし》みが、内外から顕在化し始めていたともいえる。

両京幹線が再び息を吹き返して動き出すのは、10年近くのちの話である。関ヶ原から敷設されてきた鉄道が東に延長され、大垣以西の開業が目前となった明治17年5月19日、加納～大垣間の測量に着手。次いで明治18年1月26日には、名古屋～加納間の測量を開始している。その後、中山道線の幹線区間である加納～大垣間8哩72鎖（約14・3キロ）は、明治17年5月27日に着工した。この区間が開業するのは、明治20年1月21日である。

大垣以東の鉄道建設にあたり、資材運搬線の必要性を感じた井上勝は、明治17年5月2日、垂井《たるい》（現在の岐阜県不破郡垂井町）～四日市（三重県四日市市）間の建設工事を上申し、5月8日に認可されている。民間から出願されていた同区間の「濃勢《のうせい》鉄道」の出願を横取りする形になったが、井上は民間資金を用いて鉄道局が建設・運営し、利益は折半する方式を考えていたようである。

測量は5月27日に始まったが、結果は思わしくなかった。途中は低湿地で、大小の河川や湖沼が多数ある。開通が延びれば、資材運搬線としての意味を成さない。しかもこの線は垂井に連絡しているため、鉄道が加納まで延長されないことには、木曽谷方面への資材運搬は不可能なのだ。しかし加納～大垣間には揖斐川《いびがわ》・長良川《ながらがわ》という大河が控えており、橋の完成目処は立っていなかった。

その後井上は、中山道線の資材運搬線として、四日市線と半田線（名古屋から知多半島を縦断して、三河湾に面した半田に達する）を比較。その結果、半田線の敷設を建言し、明治18年6月20日に認可された。6月30日、半田線と尾張線（熱田～加納）に関して陸軍卿に意見を求めたが、いずれの区間も異論は出なかった。

名古屋～半田間の半田線の建設に着手したのは、明治18年8月1日である。ほぼ同時に、半田周辺の港域の測量が行われ、荷揚げ港に不適だということが判明。中山道線敷設のための資材揚陸地として、半田の南の武豊海岸に長さ80間（約145・5メートル）、幅3間（約5・5メートル）の木製桟橋が建設された。ここから資材輸送用の軌道が敷かれ、翌明治19年3月1日に熱田～武豊間20哩49鎖（約33・2キロ）が開通。5月1日には名護屋《なごや》（現在の名古屋。明治20年4月までこの字をあてた）停車場が完成し、名護屋～武豊間24哩64鎖（39・9キロ）が全通した。

名護屋停車場の位置について、ボイルの『西京敦賀間並中仙道及尾張線ノ明細測量ニ基キタル上告書』（明治9年4月）では、「駅の位置は、堀川《ほりかわ》の岸にある低地で市街中心の対岸」としていた。開業当時の停車場はボイルの指定場所どおりだった。当時名古屋最大だった広小路《ひろこうじ》通の延長線

上：中山道幹線の資材陸揚げ用に建設された武豊桟橋。現在の武豊駅より1㎞近く南にあった。
左上：初代の名古屋停車場。開業から1年近くは「名護屋」と称した。周囲は沼沢地だったという。
左下：初代名古屋停車場付近の現況。関西本線や近鉄線が合流するあたり。名古屋駅が現在の位置に移転するのは、高架化された昭和12年である。その際線路が西側に付け替えられ、廃止された旧線跡には現在の名駅通（めいえきどおり）が造成された。

上に面しており、現在の名古屋駅より約300メートル南（旧笹島《ささしま》貨物駅の北側）に位置していた。当時は沼地と湿地で、地元では所在地の名から笹島停車場と呼ばれることもあったようだ。

名古屋の城下町は、南北に細長くくびれた名古屋台地の北部に立地している。今は市街に埋もれてしまった感があるが、周囲との比高は10メートルにも達する。北端部に名古屋城が築城され、岬のように延びた南端（熱田台地）には熱田神宮が鎮座している。名古屋台地の西の縁を流れる堀川は、名古屋城築城時の資材運搬に活躍した運河である。なお、台地の西側崖線下を堀川断層が走り、東側を尼《あま》ヶ坂《さか》断層が通っていることが近年の研究で明らかになった。

東海道鉄道敷設にあたっては、名古屋台地の横断位置と堀川の架橋位置が問題になったと思われるが、これについてボイルは上告書で、「名古屋駅から線路は南に向かい、約2・4キロの間直線に進み、半径800メートルの曲線と20パーミルの勾配で堀河橋に達する。橋を渡り、線路は3パーミルの傾斜で無類の深い切り通しを通過し、名古屋と熱田を結ぶ本街道を堀下で潜り抜け、半径1400メートルの曲線で右に回り、そこから直進して東海道宮宿の海浜で海運陸揚場付近に開設する宮駅に達するだろう」と述べており、実際の鉄道もこのとおりのルートを踏襲している。つまり、名古屋城下町と熱田門前町の間の家屋の途切れた場所で台地を切り通しで横断（現在の金山駅付近）し、南の熱田方面に向かっているのである。今も金山駅前後の東西約500メートルだけが切り通し区間になっており、台地の横断が実感できる。

中山道線工事は、明治18年9月には支線部分だった名古屋〜加納間が着工。この区間は一面濃尾平野の低地が広がっているが、同時に木曽三川《きそさんせん》といわれる木曽川・長良川・揖斐川が流れる水難地でもある。

明治初期の『東海道筋鉄道巡覧書』にはこうある。例によって西から東に記述している。

垂井宿を出て、大垣のはるか西側から清洲宿の西側を経て名古屋宿に達します。この間平坦でありますが、相《あい》川《かわ》・沢渡川《さわたりがわ》（揖斐川）・墨股川《すのまたがわ》（長良川）・起川《おこしがわ》（木曽川）・枇杷島川《びわじまがわ》（庄内川）そのほか河川多数の水難地で、鉄道地盤の高さを5間2、3尺（約10メートル）に嵩上げしなければならない箇所がいたるところにあります。しかも、水害に対する備えを厳重にしなければ、保持することは難しいです。費用は多額になるでしょう。石材は三河から取り寄せ可能です。

ボイルが上申した『西京敦賀間並中仙道及尾張線ノ明細測量ニ基キタル上告書』でも、途中の河川に関する記述がほとんどだ。この書面も西から東へと記述されている。

垂井以東で動かしてならないのは、架橋地点と大垣・加納という二つの都市のみであり、垂井・加納間はすべて直線区間にして、曲線区間はただ直線同士をつなげるときのみとする。中間にある河川はすべて地面より高く、約9メートルに達するところすらあり、その前後の区間は16・7パーミルから20パーミルの傾斜を要す。最も甚だしいのが呂久川《ろくがわ》（揖斐川）と合渡川《ごうとがわ》（長良川）である。

（中略）

加納・岐阜駅を出るとすぐに「第二部線」「第三部線」の分岐となる。第三部線は、木曽川の両側に険しい山が迫り、その谷間が狭まる場所となるまでは、数マイルの間、平坦地でほとんど直線区間となるだろう。第二部線は、約800メートルの半径の曲線で加納市街の外辺を回り、中山道を横断し、岐阜街道の東側に沿って敷設。

名古屋城は南北に細長い台地の北端に築城。北側は沼沢地。

金山駅ホームから撮影。周囲は擁壁となっている。

境川を約20メートルの桁3個の橋梁で渡り、曲がりくねる流れに沿って少し下流に出て、そこから一直線に木曽川北岸の笠松《かさまつ》に達する。

　木曽川の川幅は合渡川より狭いけれどもこの地方有数の河川で、河畔に取りつくために約400メートル半径の曲線を要し、その橋梁は約28メートルの桁16個となるだろう。橋梁の近くに笠松駅を設けるべきである。

　ここでいう第二部線とは加納から名古屋・熱田に至る路線（いわゆる「尾張線」、のちの東海道本線の一部）、第三部線とは、加納から土田《どた》村（現在の可児《かに》市西部）に至る路線（両京幹線たる中山道幹線の一部。現在の高山本線のルートに近い）のことである。ここには出てこないが、第一部線とは米原から岐阜・加納に至る路線を指した。

「橋梁（木曽川橋梁）の近くに笠松駅を設けるべきである」とあるが、実際のルートはさらに変わり、木曽川最大の河港町だった笠松（現在の岐阜県羽島《はしま》郡笠松町下本町付近）に線路は通らず、加納～名古屋間の線路は、笠松より2キロ近く北東にある羽栗《はぐり》郡円城寺《えんじょうじ》村（笠松町円城寺）のところで木曽川を渡河するルートになった。笠松で河川運輸業者を中心とした反対運動があったからだともいう。そしてなぜか岐阜県内の停車場開設は見送られ、木曽川を渡った愛知県側の葉栗《はぐり》郡黒田《くろだ》村（一宮市木曽川町黒田）に木曽川停車場が設けられた。

　名古屋～加納間のうち、熱田～清洲間8哩54鎖（約14キロ）が明治19年4月1日に開通。3月に開業していた半田線との接続をはたした。次いで清洲～一ノ宮（現在の尾張一宮）間6哩2鎖（約9・7キロ）が明治19年5月1日、一ノ宮～木曽川間3哩43鎖（約5・7キロ）が同年6月1日と、順調に開通区間を延ばしていく。木曽川橋梁を含む木曽川～加納間4哩44鎖（約7・3キロ）は、明治20年4

月の橋梁完成を待って、4月25日に開通している。なお、加納停車場は、明治21年12月をもって岐阜と改称した。城下町の加納と江戸期は商業の町だった岐阜とは厳密には別の町（福岡と博多の関係に似ている）だが、当時の停車場の位置は、現在の岐阜駅よりも約200メートル北寄りの岐阜町と加納町の境にあった（線路は岐阜側）。現在名鉄岐阜駅があるあたりである。

明治20年4月25日に武豊〜名古屋〜大垣間が全通。武豊から長浜を経由して金ヶ崎まで線路がつながったことで、太平洋・琵琶湖・日本海がレールで結ばれたことになる。

木曽川駅に残る大正元年築の潤滑油の倉庫。構造は土蔵に近い。

鉄道院と刻まれた大正元年の跨線橋の柱を保存（木曽川駅）

COLUMN

機関車高速試験

昭和29年12月15日、時速129キロという、狭軌の蒸気機関車による世界最高速度が木曽川橋梁下り線上で記録された。この試験は、速度記録だけが目的ではなかった。電化による高速運転時代を見据え、列車が高速で通過する際の旧式のピン結合トラス橋梁の強度（たわみ）を試験する目的が存在した。この試験の際、出発点となったのが木曽川駅構内である。平坦で、ほぼ直線がつづいていた。条件は申し分なかった。無事試験を終え、木曽川橋梁を含む稲沢〜米原間の電化が完成したのは昭和30年7月20日だった。この日以降本線上から蒸気機関車が姿を消し、80系電車やEH10形電気機関車に取って代わられるようになる。

狭軌世界記録を出したC62 17号機は、電化にともない名古屋機関区から京都の梅小路機関区に転出。最後は呉線の糸崎機関区に所属し、昭和46年に廃車となった。名古屋にゆかりの深い機関車ということで東山動植物園（名古屋市千種区）の野外展示を経て、JR東海が運営するリニア・鉄道館（名古屋市港区）に展示されている。隣に並ぶのは、新幹線試験車300X（955形。平成8年、電車方式による当時世界最高の時速443キロを記録）、リニア（MLX01−1。平成15年、山梨リニア実験線で、当時世界最高速度の581キロを記録）である。

木曽三川と橋梁

木曽三川とは、濃尾平野を流れる木曽川・長良川・揖斐川の総称である。この三つの河川は、下流で合流と分流を繰り返し、たびたび大水害を起こしていたため、古くから改修が行われてきた。なかでも江戸時代中期、薩摩藩が幕府に命じられて行った宝暦治水が有名である。病死・自害合わせて84名の犠牲者と莫大な経費をかけて完了した治水工事は、今も岐阜県海津《かいづ》市の千本松原という史跡に跡をとどめている。宝暦治水の際の幕府への遺恨が、のちの討幕運動につながった一因といわれたほど、想像を絶する難工事だった。

明治に入り、木曽三川の治水工事をまかされたのは御雇外国人（オランダ人）のヨハニス・デ・レーケだった。明治10年（１８７７）から現地に入り、明治18年に三川を分流する計画書を作成、明治20年に着工する。当時の先端技術をもってしても難工事であり、いちおうの分流の完成をみたのは明治33年。全工事が完了したのは明治45年である。

濃尾平野に鉄道が敷設された明治中ごろ、木曽三川の下流部は大小さまざまな河川が曲流しており、河跡湖も多数存在していた。河川改修でのちに廃川となる佐屋川《さやがわ》は、木曽川に並行する堂々たる大河だった。内陸に位置する津島《つしま》（愛知県津島市）が商都として大発展したのは、佐屋川の支流の天王《てんのう》川《がわ》に面した河港都市だったからである。

木曽三川の鉄道橋は、明治19年8月にイギリスで製作され、はるばる日本に運ばれたのち据え付けられた。木曽川が１８７４呎（約５７１メートル）、長良川が１５１５呎（約４６２メートル）、揖斐川が１０５５呎（約３２２メートル）という国内最大級の橋梁群だった。長良川と揖斐川の橋梁は、明治19年12月に竣工。木曽川橋梁の完成は明治20年4月である。工事途中の明治20年2月には、明治天皇と皇后が京都から名古屋に向かう途中、歩推車（トロッコ）に乗って、完成前の木曽川橋梁を渡っている。

明治24年10月の濃尾地震で木曽三川の橋梁は大きな被害を受けたが、翌年までに復旧。このうち揖斐川橋梁は今なお原位置に架かり、自転車・歩行者専用橋として使われている。

濃尾地震では各地でレールがうねった（木曽川橋梁南側）

長良川橋梁では、鋳鉄管橋脚が崩壊して橋桁が落ちた。

上：明治19年に完成した揖斐川橋梁。濃尾地震では橋脚が破損。
下：明治41年の複線化で鉄道橋としての使命を終えた。大正２年に道路橋になり、平成12年以降は歩行者・自転車橋。国の重要文化財に指定。

上：当初の木曽川橋梁。　下：現況（上り列車から撮影）

現在の長良川橋梁。上り（左）は大正３年竣工。下りは昭和35年の完成だが大正３年のトラスを一部使用している（上り列車から撮影）

樽見鉄道（旧・国鉄樽見線）揖斐川橋梁は、御殿場線の明治期の五つの橋梁を転用（昭和31年竣工）。背後の雪山は伊吹山。

名古屋〜大垣

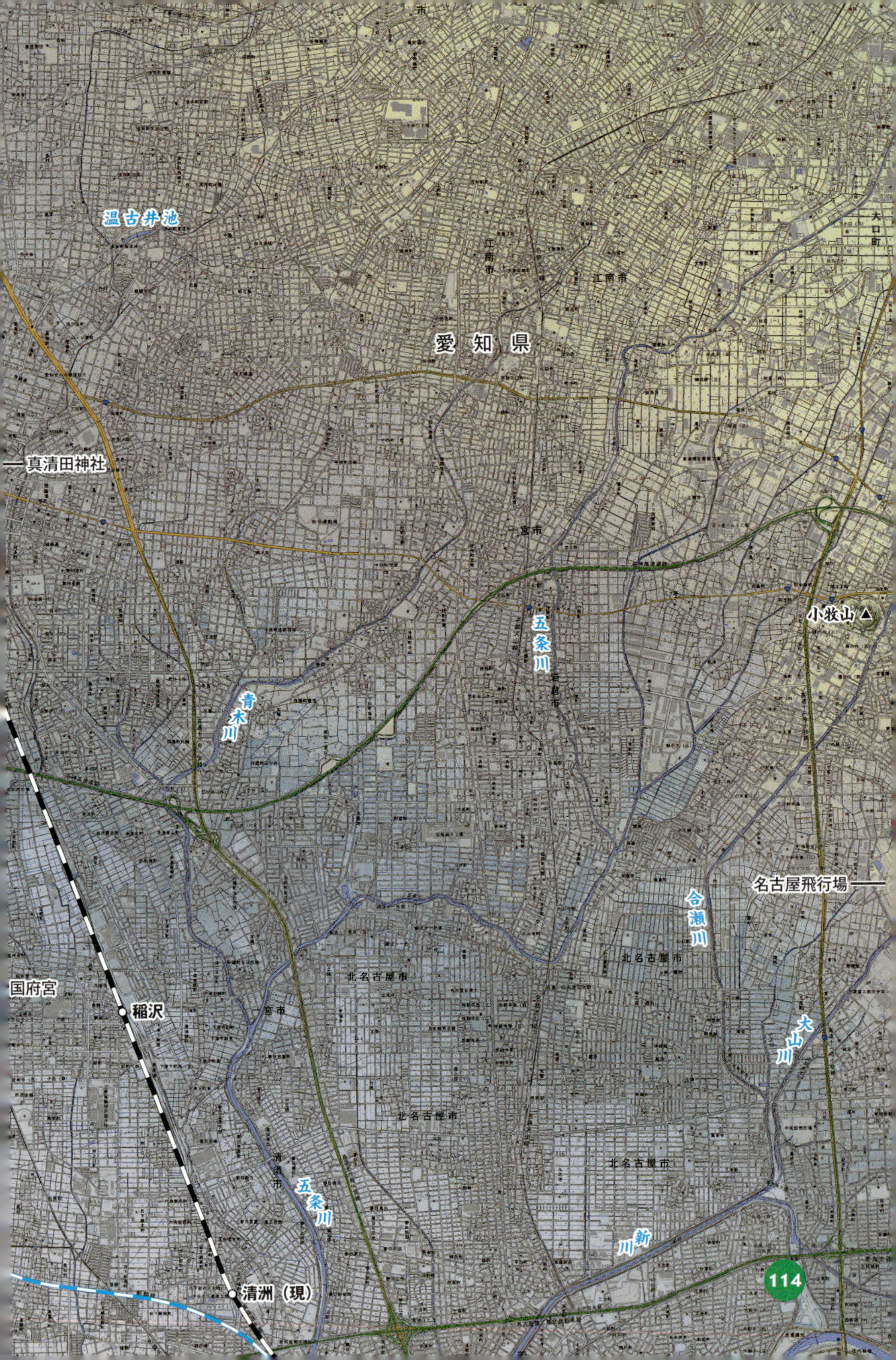
温古井池
大口町
江南市
愛知県
真清田神社
一宮市
五条川
小牧山
青木川
名古屋飛行場
合瀬川
国府宮
稲沢
北名古屋市
大山川
五条川
清洲（現）
新川

0 500 1000 m
境川
羽島市
岐阜県
野府川
日光川
尾張一宮（旧・一ノ宮→尾張一ノ宮）
木曽川
広口池
稲沢市
領内川
海部幹線水路
日光川
三宅川

舟伏山
三峰山
洞山
権現山
各務原市
新境川
各務山
高山本線
各務原市
航空自衛隊岐阜基地
三井山
不動山
北派川
木曽川
南派川
江南市
一宮市
江南市
愛知県
温古井池
江南市
五条川
日光川
一宮市

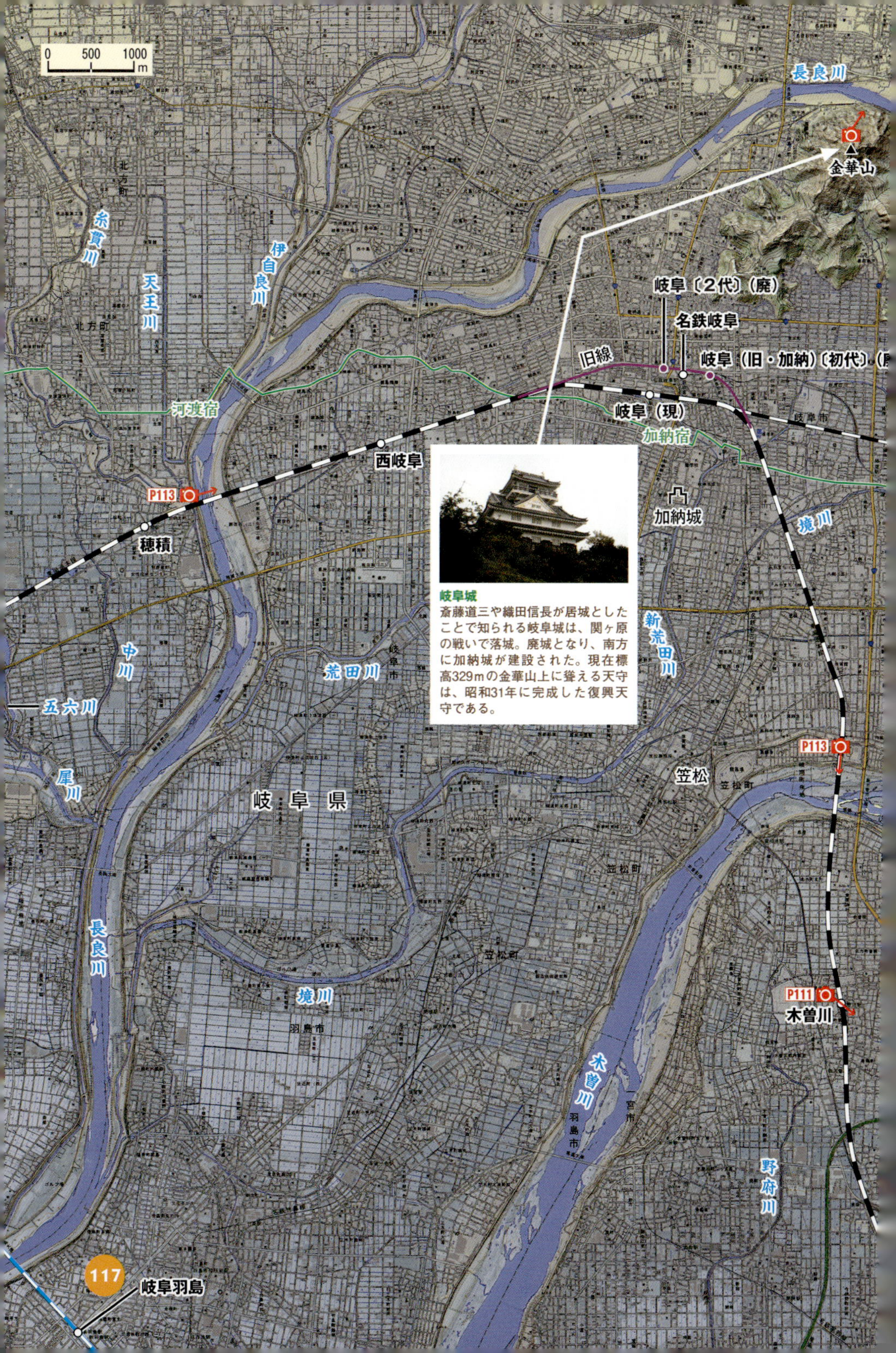

岐阜城

斎藤道三や織田信長が居城としたことで知られる岐阜城は、関ヶ原の戦いで落城。廃城となり、南方に加納城が建設された。現在標高329mの金華山上に聳える天守は、昭和31年に完成した復興天守である。

◉大垣～米原

大垣からしばらくの間は平坦地がつづくが、５キロほど過ぎたあたりから、上り勾配が始まる。大垣～関ヶ原の区間が着工されたのは、明治16年（１８８３）11月16日。翌明治17年5月25日に、大垣～関ヶ原間８哩38鎖（約13・6キロ）が開業している。当時の大垣は、水門川《すいもんがわ》と揖斐川を通して伊勢湾に直結しており、水運に恵まれた河港都市だった。有名な芭蕉の『おくのほそ道』の結びの地が大垣なのも理にかなっていたのである（芭蕉は舟で桑名に出て伊勢に向かっている）。大垣と関ヶ原を結ぶ鉄道が開通することは、徐々たる延伸に見えるが、すでに開通していた長浜～関ヶ原間とあわせ、日本海側（敦賀）と太平洋側（桑名）を結ぶ物流ルートが生まれることを意味した。

ただし新線区間には、日本有数の鉄道の難所が控えていた。濃尾平野に位置する大垣と伊吹《いぶき》山地の盆地に位置する関ヶ原との高度差は、約１２０メートルあった。途中には、20パーミルから25パーミルの急勾配が連続しており、大垣駅で補機を増結する必要が生じた。蒸気機関車による戦前の超特急「燕」も、下り列車は大垣～柏原《かしわばら》（滋賀県米原市柏原）間に後部補機が連結されていたほどである。

ボイルがまとめた『西京敦賀間並中仙道及尾張線ノ明細測量ニ基キタル上告書』では、米原から天野川《あまのがわ》の川筋に沿って東進し、醒ヶ井《さめがい》（現在の米原市醒井）・梓《あんさ》（米原市梓《あんさ》河内《かわち》）・柏原を経て今須《います》（岐阜県不破郡関ヶ原町今須）で中山道直下を隧道で抜け、松尾《まつお》村（関ヶ原町松尾）・関ヶ原・垂井を経由して大垣に達するルートを提案していた。

「梓経由」という一点を除けば（実際には井上勝の政治的思惑で路線を何度も付け替えたため、それまでの経緯から長岡を迂回する経路に変わった）、現在の東海道本線とまったく同じである。ボイル案は、妥当なルート選択だったといえるだろう。

西南戦争を経て、工部卿が伊藤博文から井上馨に代わり（明治11年8月）、さらに山田顕義《あきよし》に交代（明治12年9月）して間もない明治13年1月、鉄道局長の井上勝は、長浜から関ヶ原に直接乗り入れるルートを山田顕義に示している。それまでは長浜から関ヶ原への鉄道路線は、約８キロ南の米原をいったん経由して関ヶ原に東進するルートだった。

翌明治14年6月には、工部卿となった山尾庸三に『米敦間線路中長浜米原間ノ建築ヲ廃シ代ユルニ長浜ヨリ直行関ヶ原ニ向テ延線スヘキ義ニ付伺』を上申する。この時期井上がにわかに動き出すのは、日本初の私設鉄道会社、日本鉄道設立の動きをつかんだことが考えられる。

この文書は、「長浜からただちに中山道の関ヶ原に出るべき路線を試したところ、長浜停車場から東行して臥龍《がりゅう》山《ざん》の麓をめぐり、春照《すいじょう》（現在の米原市春照）・藤川などの宿駅の村を経て、弥高川《やたかがわ》・藤古川《ふじこがわ》などの河流を渡り、伊吹山麓に沿って関ヶ原駅に達する。里程およそ14哩（約22・5キロ）である。工事の難易度を考えれば、傾斜の急な、時には40分の1（25パーミル）に達する箇所があるといっても、その他はさして難工事と称すべきものはない。ところが予定ルートをみると、長浜から米原に沿って中山道に出て、関ヶ原に達する里程は16哩（約25・7キロ）余りで、途中の柏原・今須あたりにはトンネルが必要で、工事は新線（長浜～関ヶ原短絡ルート）に比べて難多く、なおかつ距離も2哩（約3・2キロ）増す。ゆえに敦賀線を琵琶湖に連絡しようとするなら、断然新たに測量する線路経由が至便と考える」と述べていた。

明治14年7月、工部卿の山尾庸三は、太政大臣の三条実美に上申したが、何の沙汰もなかった。このころ、西南戦争の戦費で政府の資金は底をついていた。その一方で、岩倉具視（右大臣）が提唱し、鍋島《なべしま》家や蜂須賀《はちすか》家といった有力華族がこぞって出資した日本鉄道が明治14年8月に設立されていた。日本鉄道は、資金面こそ民間出資だったが、伊藤博文や井上馨といった政府有力者が推進し、建設も鉄道局が請け負うなど、いわば「第二官鉄」ともいえる組織だった。

まったくの仮説だが、もしこの時期、鉄道局が大阪でなく東京に所在し、井上勝が東京に常駐していたら、日本鉄道という会社の創立は可能だったろうか。おそらく強硬な国有論者として鳴らした井上勝が座視しているはずはなく、徹底的につぶしにかかっていただろう。ところが現実には日本鉄道が設立されたばかりか、中山道幹線の一部たる東京～高崎間の鉄道線建設まで日本鉄道に認可されてしまった。のみならず、既存の官営鉄道が日本鉄道に払い下げられてしまう可能性すらあった。これらのことが、〝塩漬け〟にされていた官鉄主導の両京幹線構想の復活を大義名分に掲げた井上勝の「反撃」を呼んだのではないだろうか。

翌15年2月、井上は、関ヶ原～長浜間建設の重要性を説いた建白書（『井上鉄道局長等ヨリ鉄道建築建設見込建白書』）

を作成し、新たに工部卿になった佐々木高行に提出。佐々木は三条太政大臣に上申し、4月24日に関ヶ原〜長浜間の鉄道敷設が認可された。

この建白書は、関ヶ原〜長浜間の建設促進が主題だったが、前年に設立された日本鉄道が東京〜青森駅間の敷設に携わることにもふれており、「架空とも評すべき東京より青森に至る線路築造の会社を助けるごときはいったい何を考えておるのか慨嘆に堪えない」などと痛烈に批判している。日本鉄道に認可された青森までの鉄道のうち、東京〜高崎間が中山道幹線の所属であることから、関ヶ原〜長浜間と東京〜高崎間双方の敷設工事は鉄道局に任せるべきだとも強調していた。

関ヶ原〜長浜間14哩25鎖（約22・9キロ）は、明治15年6月に着工し、翌明治16年5月1日に開業の運びとなった。当初、途中の停車場は春照のみだった。

このとき開通した路線は、旧中山道関ヶ原宿の東から北国脇往還（関ヶ原で中山道から分かれて伊吹山南麓を通り、北国街道の木之本《きのもと》宿〔現在の長浜市木之本町木之本〕に合流する脇街道。ほぼ国道３６５号と重なる）に沿って北西に向かい、横山丘陵の北端の龍《たつ》ヶ鼻《はな》と呼ばれる尾根を過ぎたところ（東上坂交差点付近）で西進（ほぼ県道37号と重なる）して、敦賀線（北陸本線）の終端の長浜停車場を結んでいた。

当初、途中にトンネルは存在しなかったが、明治24年1月に貨物線として復活する際、現在の米原市と長浜市の境の切り通し区間の上部を覆い、龍ヶ鼻隧道（61メートル。廃線跡は国道３６５号だが、道路拡張のため、昭和43年撤去）を構築している。落石や雪崩を防止する目的だった。

一番の難所は、藤川越と呼ばれた峠越えだった。関ヶ原から藤古川が刻んだ伊吹山南部の鞍部（標高約２１０メートル。滋賀・岐阜県境）を上り、標高２３０メートルにも達する分水嶺を越え、その後は天野川水系の狭い谷を一気に下る。

敦賀線との分岐区間は、その後、何度も線路が付け替えられることになった。東海道鉄道が全通する明治22年7月、米原〜馬場（現在の膳所《ぜぜ》）開通に合わせ、関ヶ原と米原を直接結ぶ新線が開通している。このときの路線は、関ヶ原から旧来のルートで北西に向かい、分水嶺を越え、現在の米原市大野木《おおのぎ》交差点付近からは新線区間となり、県道２４４号を南西に向かう。あとは現行の東海道本線と同じルートで米原に到達するものだった。途中の新線区間に長岡停車場（現在の近江長岡駅）が開業している。新線開業で旧線の長浜寄りの部分は休止扱いとなったが、明治24年に貨物線として復活。このとき新線と旧線（貨物線）の分岐位置（大野木交差点付近）に設けられたのが貨物専用の深谷《ふかたに》停車場である（この貨物線は明治29年11月に休止し、深谷停車場も廃止）。

　ところが関ヶ原～深谷間は、25パーミルの急勾配と積雪に悩まされた。勾配緩和と複線化を見据え、明治32年10月には関ヶ原～長岡間にさらなる新線を建設している。新しいルートは、関ヶ原から旧中山道に沿って西に向かい、今須宿と柏原宿を経て、清滝《きよたき》山の山裾を回り込むように北へと方向を変え、長岡にいたるものである。関ヶ原～米原間の東海道本線の線路がクランク状になっているのは、二度にわたる新線付け替えがあったからにほかならない。

撮影名所の柏原の大カーブは、度重なる線路付け替えの産物だった（柏原～近江長岡）

長浜停車場から関ヶ原方面に延びていた旧線跡。6㎞にわたって直線がつづく。

最古の長浜旧駅舎（明治15年築）。南面して琵琶湖に接し、湖上連絡に便利だった。

　この新線は旧中山道の今須宿と柏原宿を通るが、停車場は柏原のみに設けられた。柏原駅の標高は172・16メートル（路盤面）に達し、東海道本線中最も高い。駅の東側には標高179メートルの分水界があり、箱根以西の最高地点を記録している。

　現行区間は半径約400メートルの急カーブが連続しており、現在も制限速度80キロである。ただし、勾配は10パーミルと大幅に減少した。

　戦後に開通した東海道新幹線や名神高速道路は、トンネルもいとわず関ヶ原周辺を東西にほぼ直進している。だが明治の鉄道は、現在の形になるまで、これほどの艱難辛苦《かんなんしんく》の積み重ねを必要とした。今や東海道本線柏原～近江長岡の大カーブは、沿線屈指の撮影名所として名高く、その特徴的な線形は、東海道新幹線の車窓からも一瞥《いちべつ》することができる。

金生山
大垣の北に聳える標高217mの山。全山石灰岩層から成るため、江戸時代から石灰や大理石が採掘されていた。金生山の大理石は国会議事堂にも使用されている。大垣から美濃赤坂まで分岐する支線（通称赤坂線）は、石灰石輸送目的で大正８年に開業。

甲大門西橋梁
大垣付近の築堤を横断する通路のひとつ。アーチ煉瓦をねじって積むため、独特の美しさを醸し、「ねじりまんぽ」と親しまれる。「まんぽ」とは、坑道を意味する間府（まぶ）という言葉からきているようだ。揖斐川東岸の甲中吹橋梁も同形式の「ねじりまんぽ」。

関ヶ原越えと新線

丹那トンネル開通後、東海道本線最大の難所となったのが、関ヶ原越えである。大戦中、軍需物資運搬で貨物需要が急増し、船舶が徴用されて鉄道需要が高まったため、長大な貨物列車をスムーズに通す目的で勾配緩和を期し、下り専用線（16・７キロ）が大垣～関ヶ原間に突貫工事で建設され、昭和19年10月に開通。距離は約３km長くなったが、25パーミルの急勾配だった旧線に比べ、10パーミルの勾配に抑えられた。補機増結・解放の時間がなくなった分、全体の所要時間が節約でき、補機の設備も不要になった。途中には下り専用の新垂井駅が開業したが利用者は少なく、戦後は旧来の垂井駅経由の下り線が復活。新垂井駅には下り普通列車の一部しか停車しなくなり、昭和61年に廃止された。

伊吹山
岐阜県
姉川
春照
春照（廃）
弥高川
藤古川
藤川
米原市
油里川
岩倉山
深谷（廃）
関ヶ原
城山
関ヶ原トンネル
天野川
松尾
関ヶ原宿
近江長岡
（旧・長岡）
東海道新幹線最高地点
（174m）
清滝山
柏原
松尾山
今須宿
P121
柏原宿
東海道本線最高地点
（179m）
ボイルのルート
今須川
梓河内
関ヶ原町
今須川
米原市

0
500
1000
m
七尾山
姉川
北国脇街道
滋賀県
上阪（廃）
旧龍ヶ鼻トンネル
北陸本線
井之口
円形分水
臥龍山
長浜市
P121
長浜新川
長浜
P121
三島
横山丘陵
田村山
田村
琵琶湖
土川
黒田川
坂田（旧・法性寺）
米原市
天野川
醒ヶ井
醒井宿
米原
番場宿
米原市
入江内湖
磯山
摺針峠
矢倉川

◉米原～大津

鉄道局は明治12年（1879）、長浜丸という連絡船の運航を開始している。翌年に見込まれた京都から大津への鉄道延長と、敦賀港と結んだ湖北の長浜停車場開設を見越した動きだった。

明治15年3月に、現在の北陸本線の一部となる官営鉄道が、長浜～金ヶ崎間で開業（途中の柳ヶ瀬トンネルが未開通だったため、柳ヶ瀬～洞道口《とうどうぐち》は峠越えの徒歩連絡）したのを受け、明治15年5月からは、藤田組・江州丸会社・三汀社《さんてい》が共同で設立した太湖《たいこ》汽船会社（初代頭取は、藤田組の藤田伝三郎）による鉄道連絡船が大津～長浜間の運航を開始している。政府と民間が出資する太湖汽船が誕生したのは、3社による過当競争の結果という側面が大きかったが、鉄道連絡を担当した太湖汽船は、湖上運輸の9割を独占したともいう。こうした湖上交通の充実もあり、莫大な資金を必要とする鉄道建設は後回しにされた。

明治初期の『東海道筋鉄道巡覧書』では、大津以東のルートも調査している。

大津馬喰町の上手から石場《いしば》（現在の滋賀県大津市石場）に到達し、膳所（大津市馬場。膳所駅付近）を経て、勢田《せた》川（瀬田川）を越え、向勢田（大津市瀬田）の北側を通り、月輪《つきのわ》新田（大津市月輪）、野路《のじ》村（草津市野路）の北側から草津宿に行き着きます。

ところどころ起伏地と平坦地が混在し、なおかつ水難地も少々ありますが、それほど難しくはありません。草津宿の北側から守山《もりやま》宿・武佐《むさ》宿・愛知川《えちがわ》宿・高宮《たかみや》宿の北側を通り鳥居本《とりいもと》宿（以上、滋賀県内）に達します。

草津から東海道に入るときは、鈴鹿峠と桑名（三重県桑名市）から佐屋《さや》（愛知県愛西市）まで大難所が多く、それゆえ中山道に入ります。おおよそ平坦、高低少々なれども、スナ川（草津川）・野洲川《やすがわ》・横関川（日野川）・愛知川・高宮川（犬上川《いぬかみがわ》）・大堀川（芹川《せりかわ》）などの大河数条が流れており、水害が多く、石垣を用いなければ築堤の保持はできないでしょう。ただしこのあたりは石材がないので、西近江の安曇川《あどがわ》あたりから運搬すればよさそうです。

鳥居本宿から北国街道（北陸道）米原宿に達し、番場《ばんば》宿・醒井宿・柏原宿・今須宿・関ヶ原宿を経て垂井宿に到達します。

この間、中山道は、摺針《すりはり》峠を越えて番場宿に下ります。摺針峠は比高300尺（約90メートル。実際の標高は170メートル）あって、切り通すのも難しい区間です。それゆえ北国街道の米原宿を迂回して中山道の垂井宿に出ます。山間は広狭高低もあり、登りや難所も少なくないでしょう。費用はたぶん相当かかります。とはいうものの、今須宿から小山伝いに山あいを通り、名古屋に出れば、少々費用は減ずるかもしれません。

明治16年に専用連絡船として建造された第一太湖丸。初の国産鋼鉄船だった。明治20年には明治天皇が乗船している。

大津から湖岸を北上するルートについては、通過集落や宿場名を記述する淡々とした描写がつづく。注目すべきは、草津から先、鈴鹿峠越えを「大難所」といっていること。鈴鹿越えは不可能だと結論を下しているに等しい。

長浜～大津間が最後まで鉄道未敷設区間として残されたのは、連絡船で結ばれており、当座の不都合がなかったためである。しかし乗り換えや積み下ろしでどうしても無駄な時間が発生する。東海道全線開業が見えてくるにしたがい、この区間にも着工の気運が高まっていた。

明治20年4月8日、鉄道局から政府に対し、長浜～大津間の建設促進を求める稟議がなされている。その後明治21年5月8日に鉄道局から陸軍省に路線選定について照会があり、ほどなく同意の返答を得た。滋賀県内の陸軍施設は大津の歩兵第九聯隊しかなく、経由地変更などの問題はなかった。路線はほぼボイルの上告書どおりである。

実際の線路は、米原を出た直後に南進したのち、急に西に向かい、再び南に進路を変える。これは、佐和山《さわやま》（石田三成の居城があった）の尾根の先の仏生山《むしやま》と「湖」を避けるための唯一のルートだった。ただし湖といっても琵琶湖ではない。かつては線路際まで入江内湖《いりえないこ》と松原内湖《まつばらないこ》といった内湖が迫っており、米原～彦根間では、湖岸と山裾のわずかな間に線路が敷設されていたのである。

かつては落石よけの覆道《ふくどう》として築造された仏生山隧道を通って彦根に抜けていたのだが、地質不良という理由で電化の際にトンネル前後の区間は放棄され、西側の山裾（一部は松原内湖の干拓地）に築堤を造成して新線を通している。彦根の先から芹川にかけては10パーミルの連続勾配が待っている。

その先は平坦で、河川を越えるときだけ10パーミルの勾配となる。愛知川の扇状地を過ぎると前方に繖山《きぬがさやま》が聳《そび》えている。歴史ファンには、六角承禎《ろっかくしょうてい》の観音寺城《かんのんじ》や観音正《かんのんしょう》寺《じ》のある観音寺山という名前の方が親しみがあるだろう。能登川《のとがわ》駅付近は山裾ぎりぎりに線路が敷設されているが、やはりかつて線路際には伊庭内湖《いばないこ》があった。この湖は、大《だい》中《なか》の湖《こ》に接続する小中《しょうなか》の湖《こ》のひとつだった。

繖山と安土山《あづちやま》の鞍部（尾根が低くなった部分）を腰越山《こしごえやま》隧道（151メートル）で抜ける。トンネルが3本あるのは、電化工事の際、北側に一線分の新たなトンネルを掘って上り線を付け替えたためである。このとき、南側の下り線をいったん旧上り線トンネルに移して、その間に下り線トンネルの床面を掘り下げて架線スペースを造成して電化用トンネルとして再利用。下り線を南側に再度付け替えたため、真ん中の旧上り線が廃線となった。上下線が離れているのはそのためである。

ここは北腰越峠といい、南腰越峠とともに安土城下町整備の折り、切り通して造成した峠として名高い。

地形好きにとって、米原～大津間のハイライトが、草津駅のすぐ先にある草津川隧道である。長さはわずか70メートルだが、切り通しにできない理由があった。トンネルの上には草津川が流れていたのである（平成14年に廃川）。

草津駅からは草津線が分岐しており、関西本線を介して名古屋まで結ばれている。この路線は、私設鉄道の関西鉄道が敷設したもので、官鉄開通から半年も経たない明治22年12月の開通。明治28年の名古屋乗り入れにより、鈴鹿越えの旧東海道の鉄道を、関西鉄道が実現させたことになる。

米原～馬場間35哩67鎖（約57・4キロ）は、明治22年7月1日に開通した。この日は同時に米原～長浜間4哩50鎖（約7・4キロ）と米原～深谷（駅はない。旧線接続地点）7哩35鎖（約12キロ）も一斉に開業した。「東海道鉄道」（のちの東海道本線）は、この日をもって、「全通」としている。

上：米原～彦根間の旧仏生山隧道坑門。
中：能登川～安土間の腰越山隧道（下り列車から撮影） 下：草津駅からもよく見える草津川隧道。6本のトンネルが見える。

琵琶湖

琵琶湖は、670・25平方キロの面積を誇る日本最大の湖である。現在面積2位の霞《かすみ》ヶ浦《うら》（西浦）の面積の約4倍に達し、東京23区全体の面積よりもずっと広い。

昭和初期まで、琵琶湖はもっと広かった。湖の周囲には、琵琶湖とつながっていた「内湖」と呼ばれる大小の潟湖が40以上存在し、内湖の面積だけで29平方キロもあった。これは北海道の摩周湖《ましゅうこ》や長野県の諏訪湖《すわこ》よりずっと広い。

内湖には琵琶湖に劣らぬ種類の魚介が棲んでいた。水深が浅く、岸辺に葦原《あしはら》が広がり、周囲から河川が流入していた内湖は、魚介の産卵や稚魚《ちぎょ》が生育する場として好適だった。明治時代、琵琶湖の漁獲高が現在の約8倍だったのも、内湖の存在が寄与していたのである。

しかし、第二次世界大戦が勃発し、食料増産と農地造成の必要性が叫ばれると、内湖の干拓が実施に移された。海や汽水湖（塩分を含む湖）の干拓とは異なり、干拓時に除塩（塩抜き）の必要がなく、農地転用に向いていたのである。内湖の水深がごく浅く、治水の進展により、琵琶湖の水位を数十センチ下げることが可能となったことも干拓を容易にした。

昭和17年（1942）に始まった小中の湖（伊庭内湖（東近江市）・弁天内湖《べんてんないこ》（近江八幡市））干拓を皮切りに、松原内湖（彦根市）や入江内湖（米原市）、水茎内湖《みずぐきないこ》（近江八幡市）など、学徒なども動員されて次々と干拓工事が進められていった。昭和40年代までに16もの内湖が干拓され、総干拓面積は25・21平方キロに達した。なかでも大中の湖干拓（近江八幡市）の規模は11・45平方キロと大きく、工期は21年間に及んだ。内湖のうち現在残っているのは23で、全部合わせてもわずか4・25平方キロにすぎない。

琵琶湖があまりにも広いため、湖面の高さは海面と同程度と錯覚しがちだが、湖面標高は84メートルに達し、洞爺湖《とうやこ》とほぼ等しい。山裾に建設された現在の大津駅の標高は108メートルの位置にあり、大津駅と京都駅の標高差は80メートルに達する。京津間だけではなく、滋賀・岐阜県境の大垣～米原間（東海道本線）と滋賀・福井県境の木之本～敦賀間（北陸本線）も鉄道の難所として名高い。

明治末の草津の矢橋浦。「近江八景」の「矢橋帰帆」で知られた美観だったが、現在は目の前に人工島が造成され、見る影もない（『滋賀県写真帖』）

新幹線高速試験車両
米原にある鉄道総合技術研究所風洞技術センターの敷地には、かつての新幹線高速試験車両である「300X」（ＪＲ東海）、「STAR21」（ＪＲ東日本）、「WIN350」（ＪＲ西日本）が保存されている。非公開だが、米原駅を出ると左手に外観が眺められる。

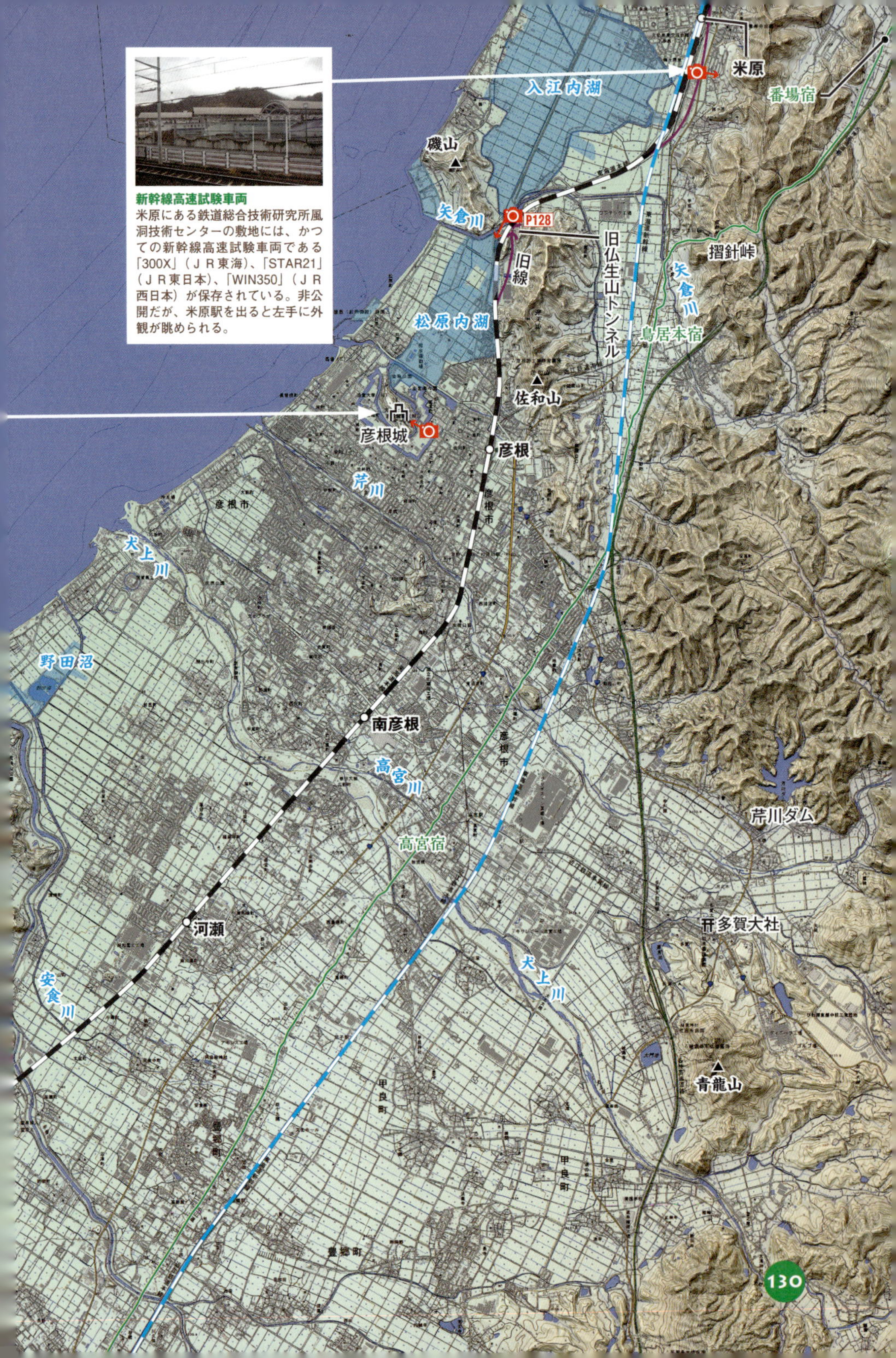

彦根城
金亀山に聳えているのが遠望できる。国宝５城のひとつで、関ヶ原の戦いの後に近江入りした井伊家が築城。大津城や長浜城など、近江各地の城郭の部材が転用されている。なお彦根は、昭和20年８月15日夜に空襲が予定されていた。

0 500 1000 m
東近江市
能登川
愛荘町
宇曽川
愛知川宿
愛知川
伊庭内湖
須田川
地獄越
P128
安土城
腰越山トンネル
北腰越峠
繖山（観音寺山）
安土
近江八幡市
南腰越峠
竜石山
箕作山
武佐宿
近江八幡市
東近江市
瓶割山
滋賀県
近江八幡市
雪野山（龍王山）
東近江市
竜王町

安土城

織田信長の居城としてあまりにも有名。車窓から城跡の安土山が展望できる。安土は、京都と岐阜のちょうど中間に位置し、北国街道を押さえる要衝。琵琶湖（内湖）に面した水城でもあり、羽柴秀吉の長浜城、明智光秀の坂本城、織田信澄の大溝城とは水運で結ばれていた。山上には外観５層７階の壮麗な天主が築かれ、御殿が付属。安土山全域に点在する壮大な石組みが往時をしのばせる。

滋賀県
野洲川
家棟川
新守山川
守山市
野洲市
野洲
妙光寺山
守山宿
守山
三上山
(近江富士)
大山川
栗東
草津川
トンネル
草津
手原
草津線
草津宿
石部
落合川
石部宿
金勝川
美濃郷川
草津市
栗東市
草津川

草津駅
草津駅に停車する草津線の列車。もとは私設鉄道の関西鉄道が敷設した線路で、旧東海道沿いに名古屋まで路線を延ばしていた。明治40年に国有化されている。

◉大津～京都

大津駅を出た列車は、国道161号と京阪京津線《けいはんけいしん》をくぐり抜け、すぐに逢坂山《おうさかやま》隧道（下り2325メートル）に飛び込む。10パーミルの連続下り勾配がトンネルから山科《やましな》盆地までずっとつづき（山科駅のみ3・3パーミル）、ゆるやかなカーブを描いて大築堤から東山隧道（下り外側線1953メートル）に入り、景色は暗転。トンネルを出ると、切り通しの10パーミルの下り勾配を減速しながら鴨川《かもがわ》を渡り、京都駅に滑り込む。その間、わずか10分である。

京都は大津のすぐ隣という感覚がある。しかし明治から大正にかけての大津～京都間は、まったく違うルートだった。東山三十六峰の山塊が、京都の東に大きく立ちはだかっていたからである。地質が悪いということもあったが、長さ約2000メートルと予測される山腹にトンネルを穿つことは当時の掘削技術では不可能で、迂回を余儀なくされた。明治初期の『東海道筋鉄道巡覧書』は、こう記している（京都から大津へ記述している）。

大山崎《おおやまざき》（現在の京都府乙訓《おとくに》郡大山崎町）から久世《くせ》街道（西国街道）を通り、桂川《かつらがわ》を越え、京都東寺《とうじ》から七条に到達します。鴨川を越えて伏見街道で大仏下（京都市東山区本町）に行き着きます。この区間は、久世橋までは山の麓を通り、つねに高低はありますが水害は多くないでしょう。ただし久世橋あたりは水害の危険があります。ここから鴨川まではだいたい平坦で、大仏下あたりは小高くなっています。大仏下から深草《ふかくさ》（伏見区深草）に出て、大亀谷《おおかめだに》（伏見区深草大亀谷）を越えて谷口《たにぐち》村（伏見区深草谷口町）に達します。この区間はしだいに上りになり、堀切開削もありますが、さしたることはないでしょう。

谷口村より勧修《かじゅう》寺門前までの区間は山が迫り道は屈曲し、高低も少なからずありますが、それほど難所というわけでもありません。しかし費用はかさむでしょう。勧修寺門前からは六地蔵追分の小野《おの》村（山科区小野）あたりの大宅《おおやけ》（山科区大宅）、大塚《おおつか》村（山科区大塚）の北西を通り、大津京街道追分に達します。このあたりは平坦で、水害は多くないですが、なにぶん山あいゆえ、簡単とは言えません。

追分《おいわけ》（大津市追分町）より下火打町《しもひうち》（大津市大谷《おおたに》町）、走井《はしりい》（大津市大谷町）から逢坂関を越え、大津馬喰《ばくろう》町（大津市春日町。現在の大津駅付近）の上手に達します。この

右上：東海道本線をまたいで大正元年に敷設された京阪京津線上関寺跨線橋。　右下：大正10年に開通した東山隧道。当初開通は右の２本で、その左が昭和19年、いちばん左は昭和45年の開通（山科〜京都。下り列車から撮影）　上：上関寺国道踏切脇の煉瓦の壁は、東海道本線（旧線）が京津電気軌道（現・京阪京津線）と立体交差した橋梁の痕跡。　中右：「逢坂山とんねる跡」碑。名神高速道路の蝉丸トンネルに変貌。　中左：大谷停車場跡は名神高速道路の下に埋没してしまった。

区間は山が迫り、ことに逢坂あたりは左右とも高山が聳えて屈曲甚だしく、切り通したとしても甚だ難渋すると思われます。

たびたび登場する「大仏下」とは、東福寺《とうふくじ》の北西側の土地を指す。当時の東福寺は、仏殿に大仏が鎮座しており、東福寺下を指して大仏下と呼んだのであろう。豊臣秀吉が建立した方広寺《ほうこうじ》（天保年間に建立された肩から上のみの木像の大仏が鎮座。昭和48年〔1973〕焼失）とともに京都を代表する大仏として親しまれていたが、明治14年（1881）の仏殿火災で大仏像は被災し、巨大な左手部分のみ伝わる。

『東海道筋鉄道巡覧書』が指摘するように、東山を避けるとすれば、大津に抜ける方角は南しかなかった。京都と山科盆地の間の東山山塊を大きく南に迂回して、稲荷《いなり》山と大《おお》岩《いわ》山の鞍部の地点で越えるほかなかったのである。ここは標高70メートルにとどまり、旧東海道が東山を越える蹴上《けあげ》付近（最高所で標高約100メートルに達する）よりも低かった。

明治4年6月から大津〜京都間の測量が始まった。イギリス人の建築副長のA・W・U・ブランデルが担当した測量ルートは、大津から小関《こぜき》（現在の大津市小関町）越えで四《し》ノ宮《みや》村（山科区四ノ宮地区）に入り、山科盆地を縦断して勧修寺を経由、そこからは『東海道筋鉄道巡覧書』と同じ経路で京都に向かっている。小関越えは、東海道が逢坂山経由となる前の北陸道が通っていたといわれる古い道筋である。近世に入ると、逢坂山越えを「大関越え」と称し、その脇街道といった位置づけだった。

明治6年、イギリス人の建築師長トーマス・R・シャービントン、建築師のエドワード・ニューカムの手で再び測量が行われたが、このときは『東海道筋鉄道巡覧書』のルートに近く、この結果がボイルの『西京敦賀間並中仙道及尾張線ノ明細測量ニ基キタル上告書』（明治9年）に取り入れられ、実際の経路はほぼ『東海道筋鉄道巡覧書』のとおりになった。

明治11年8月21日、大津〜京都間の建設に着手。西南戦争で財政が窮乏していたため、国債を発行している。日本政府が発行した初の国債は明治3年だったが、このときも鉄道建設が目的だった。鉄道建設というのは、現在の感覚では想像を絶するほどの巨額の投資だった。

明治12年8月18日、逢坂山隧道の西側坑門直前に新設された大谷停車場と京都を結ぶ8哩11鎖（13・1キロ）が開業、明治13年7月14日に残りの大津〜大谷間11哩26鎖（18・2キロ）が開通。大津〜京都間が全通している。この日は、神戸から大阪、京都を経て大津まで鉄道がつながった記念すべき日であり、明治天皇が臨御して開通式典が盛大に挙行された（一般開業は翌日）。

当時の大津停車場は、高台に立地する現在の大津駅とは異なり、京津線の浜大津《はまおおつ》駅付近にあった。ここまで市街のそばに停車場を設けるのは、当時では破格だったが、停車場の開設目的は、「街」というより「港」だった。大津港からは船便が湖北の長浜、塩津まで通じており、京都と大津港を鉄道で結ぶことで、日本海側との物流が一気に進む効果があったのである。京津間の鉄道は、明治維新後衰微著しかった京都を再生するための殖産興業の一環という面が大きかった。いいかえれば、京都と敦賀を結ぶ鉄道に喫緊の必要性が認められたからこそ、乏しい財政事情にもかかわらず、大津までの鉄道敷設が優先されたのである。

当時の路線は現在とは大きく異なっている。大津停車場から湖岸沿いに南下し、急勾配で約10メートル高度を稼いで馬場停車場（現在の膳所駅）に到達。そこから方向を変え、標高100メートル余の高台を西進して約60メートル上り、逢坂山隧道に入る。大津駅の南を通る国道1号は、このときの線路跡に戦後建設されたものである。トンネルを出たところに大谷停車場があるが、そこから約40メートル下降し、標高120メートル付近の東海道（中山道も同じ）と奈良街道の追分で南に進路を変え、行者《ぎょうじゃ》ヶ森《もり》の山裾に沿って南下。山科盆地南部に築堤を築いて一直線に横断し、勧修寺集落のはずれに山科停車場を設け、稲荷山南麓の鞍部の大亀谷を25パーミルの下り勾配で越えて、深草村に入り、伏見街道のすぐ西を並走するように北上。鴨川を斜めに渡って、京都停車場に達するルートだった。

　山科盆地中央付近の縦断を避けたのは、山科盆地の北東部が、音羽川《おとわがわ》（山科川）などが形成した扇状地地形となっており、傾斜がきつかったことと、山科盆地に築堤を建設する距離が長くなってしまうためであろう。

　京都停車場の位置は、東本願寺の南側、東洞院通《ひがしのとういんどおり》が竹《たけ》田《だ》街道に変わる竹田口（京都七口のひとつ）の御土居《おどい》の北側に新設されている。建設当時の景観は、一面水田で、御土居跡一帯の高みは藪になっていた。この位置は竹田街道を約1里南下すれば伏見市街に到達する好位置で、京都だけでなく、酒造や舟運で栄える伏見に連絡できた（明治28年、竹田街道沿いに七条停車場〔京都駅〕と伏見の下油掛《しもあぶらかけ》を結ぶ京都電気鉄道の路面電車が開業している）。現在の京都駅よりやや北側、駅前広場になっているあたりが当時の停車場の位置である。御土居跡は、駅開設時点で崩されてしまったようだ。

　開業当時の時刻表によれば、所要時間は下りが1時間2分、上りは1時間4分もかかっていた。興味深いのは、鉄道が大津止まりであるにもかかわらず、京都行きが「下り」で大津行きが「上り」という表現をすでに用いていること。日本の首都はもはや京都ではなく東京なのだと主張しているようにも見える。

東海道本線の駅として開業した稲荷駅。神社を意識した外観。

稲荷駅脇に残るランプ小屋（油庫）。明治12年の完成。昭和42年に駅舎拡張のため半分が取り壊された（準鉄道記念物）

逢坂山隧道と加茂川橋梁

大津〜京都間は、初めて日本人が主体となって敷設した区間である。区間最大の難所が逢坂山隧道で、総延長は2181呎（665メートル）もあった。大谷〜京都間の部分開業から大津〜京都開業まで1年近く遅れたのは、ひとえに逢坂山隧道工事のためである。トンネル西側（京都方）坑門の手前にあった大谷停車場は、もともとトンネル工事の資材運搬用駅としてホームが整備されたともいう。

掘削は工部省鉄道局工技生養成所出身の国沢能長《よしなが》（六等技手）が担当し、総監督を飯田俊徳《としのり》（工部省書記官。松下村塾出身）が務めた。実務に携わったのは、のちに財閥として名を成す藤田伝三郎の藤田組と吉山組（高島嘉右衛門の手代として横浜付近の鉄道建設に従事した技術者の吉山某が創業）である。工事にあたっては工部省が所管していた兵庫県の生《いく》野《の》銀山からも坑夫が集められた。

逢坂山隧道は、着工から2年近くかかった明治13年（1880）6月にようやく完成。開通後も工事はつづき、素掘りだった内部に煉瓦が畳築されている。東側（大津方）の坑門上部には、太政大臣三条実美の揮毫《きごう》を刻んだ「楽成頼功《らくせいらいこう》」の額石が埋め込まれた。「楽成頼功」とは、竣工を喜ぶ意味を表している。本来なら「落成」だが、「落」は落盤に通じると、「楽」という文字に変えられたらしい。一方、西側坑門上の額石は井上勝の揮毫によるもので、「工程起卒《こうていきそつ》」とあった。工程が始まり終わるとは、いかにも実務責任者らしい言葉である。

逢坂山隧道の西側坑門は、手前にあった大谷駅跡とともに名神高速道路建設の際に盛り土され、旧トンネルの18メートル上に高速道路の蝉丸《せみまる》トンネル（387メートル）が建設されたため、痕跡をとどめない。坑門上の道路脇に「逢坂山とんねる跡」と揮毫された記念碑が建つばかりである（名神高速道路工事中の昭和37年〔1962〕に建立）。一方、逢坂山隧道の東側の坑門は残り、昭和35年に鉄道記念物に指定された。

現在JR奈良線が使用する122メートルの鴨川橋梁のたもとに残る橋台は、最初の京津間の鉄道敷設時に架設された加茂川橋梁のものである。日本人が設計・施工した最初の橋梁で、イギリス人技師の指導の下、三村周《しゅう》（工部省鉄道局工技生養成所出身の五等技手）が設計し、小川勝五郎（六等技手）が架設を担当。明治11年9月に起工し、翌年8月に完成した。実際の作業者には鉄道局の神戸工場の職工があたり、すべて直轄事業だった。

三村は明治18年に民間の日本鉄道に移籍（井上勝と仲違いしたわけではなく後年まで井上のよき弟子だった。井上の自邸で開かれた最後の宴席にも招かれている）したが、信号保安設備の改良を図るため、明治31年、東京月島に三村工場を

上：旧逢坂山隧道。左奥が明治13年に最初に開通したトンネル。右側は明治31年に開通した上り線。現在は内部に京都大学防災研究所附属地震予知研究センター逢坂山観測所の地震計を設置しているため、10m程度しか立ち入りできない。
下・上：坑門上部の石額は、三条実美が端正な筆蹟で揮毫している。　下・中：工事中の逢坂山隧道西口。手前に大谷停車場が設けられた。　下・下：奈良線鴨川橋梁たもとの橋台の煉瓦は、東海道本線時代の遺構。

創設し、信号機や転轍機《てんてつき》（ポイント）などの連動装置の製作を開始した。三村工場は、日本信号（国内における信号機のトップメーカー）の前身のひとつである。

現場を監督した小川勝五郎はもともと江戸の鳶《とび》職で、専門教育は何ひとつ受けてこなかったが、現場で橋梁技術を体得、大井川や富士川といった長大な橋梁架橋を担当するまでになった。〝鉄橋小川〟という異名をとったほど、生涯を架橋に捧げた人物である。

面白い比較がある。鴨川架橋当時、小川勝五郎は下から数えて2番目の六等技手だった。だが、明治17年には一等技手に昇格し、月額120円という高額が支給されている。国沢能長も逢坂山隧道掘削の功により、三等技手に抜擢されていた。それに対して三村周は、退職直前の明治22年でも五等技手にとどまり、年俸が900円だった。明治の鉄道創成期、現場の第一線は実力本位だったことがうかがえる。

大文字山
如意ヶ岳
滋賀県
琵琶湖
大津〔初代〕(廃)
紺屋関(廃)
大津宿
石場(廃)
小関
琵琶湖疏水
蹴上
琵琶湖疏水
四ノ宮
逢坂山トンネル
P141
P137
大津(現)
膳所
旧逢坂山トンネル
大谷(廃)
P137
(旧・馬場→大津〔2代〕)
P137
清水寺
山科(現)
東山トンネル
P137
追分
大塚
東山トンネル
音羽山トンネル
音羽山
行者ヶ森
稲荷
稲荷山
大宅
山科〔初代〕(廃)
小野
勧修寺
大岩山
醍醐寺
山科川
醍醐山
深草谷口町
深草大亀谷
伏見城
天下峰
奈良線
瀬田川
宇治川
喜撰山ダム

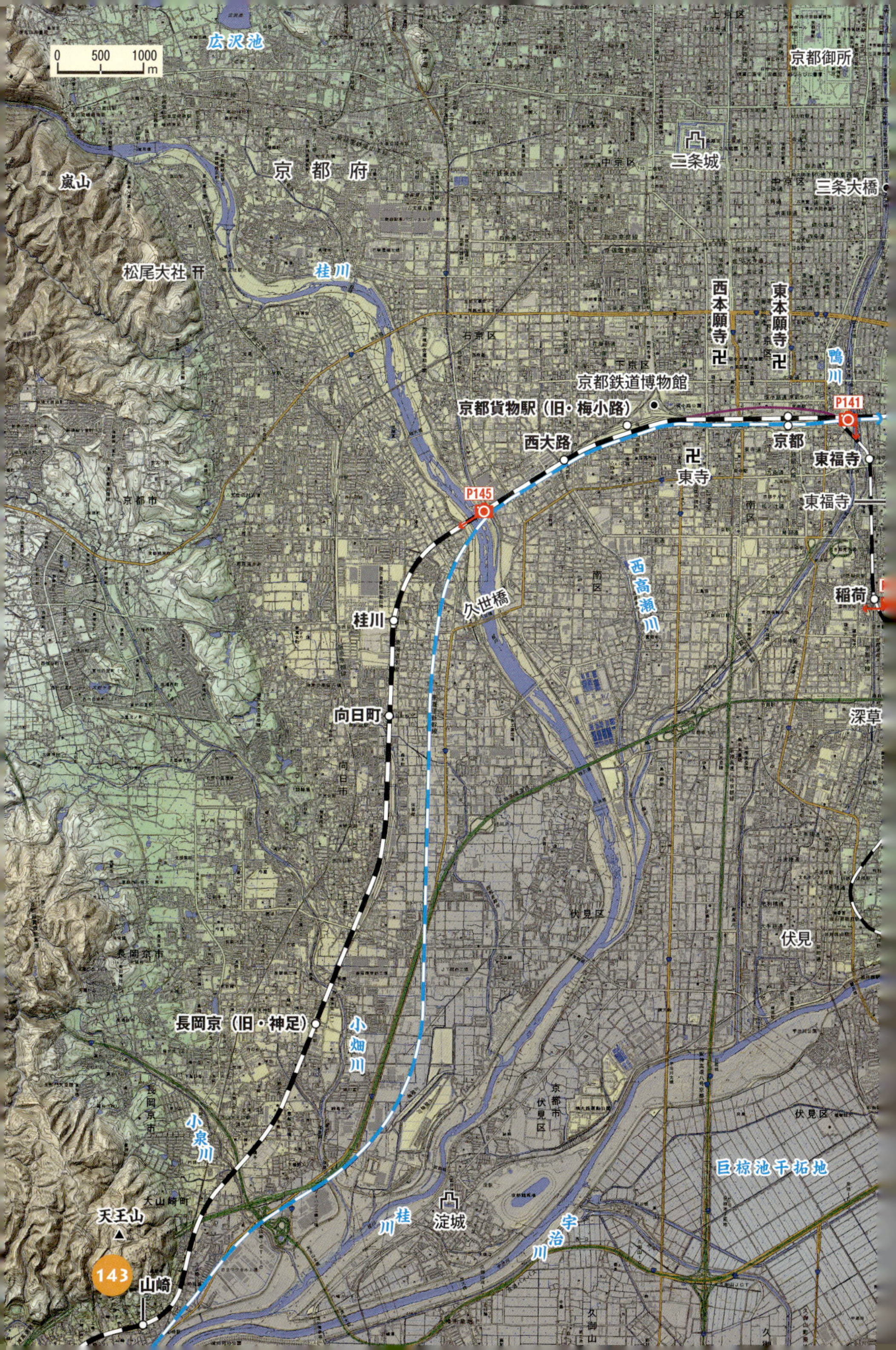
0 500 1000 m
広沢池
京都御所
二条城
嵐山
京都府
三条大橋
松尾大社
桂川
西本願寺
東本願寺
鴨川
京都鉄道博物館
京都貨物駅（旧・梅小路）
P141
西大路
京都
東福寺
東寺
P145
東福寺
稲荷
久世橋
西高瀬川
桂川
向日町
深草
伏見
長岡京（旧・神足）
小畑川
小泉川
巨椋池干拓地
天王山
桂川
淀城
宇治川
143
山崎

◉京都～大阪

関西で最も早く鉄道建設が始まったのは、大阪～神戸間だった。阪神間に比べ、京阪間の鉄道着工は遅れた。着工が遅延した理由は、政府に資金がなかったことである。明治3年（1870）11月には、阪神間の工事の指揮・監督にあたっていたジョン・イングランドが路線調査に赴いているが、工事に着手したのは明治4年6月と、阪神間よりほぼ1年遅れていた。

明治4年1月に佐藤与之助らが提出した『東海道筋鉄道巡覧書』では、京都～大阪間についてこう論じている。

> 大阪堂島の鉄道局より仲津川《なかつがわ》（中津川）の本庄《ほんじょう》渡し（現在の大阪市北区本庄）と神崎川《かんざきがわ》の榎《えのき》（榎木）渡し（淀《よど》川《がわ》区十八条）に到達、吹田《すいた》村（大阪府吹田市）の北側の山麓に着きます。（中略）ただし吹田村北側から山麓沿いに西ノ宮の西、夙川《しゅくがわ》（兵庫県西宮市）あたりから兵庫の方に延長すれば、かえって費用を減ずることが可能です。吹田村北側の山麓沿いに東北方の茨木《いばらき》（大阪府茨木市）・富田《とんだ》（高槻《たかつき》市富田町）を経て、山城の大山崎（京都府乙訓郡大山崎町）に行き着きます。この区間は、山麓で高低がありますが、水害は多くないでしょう。

山崎から吹田までの区間は、実際のルートもこの記述どおりになった。やけに北に迂回しているように見えるが、西国街道に寄り添うように、ほぼ標高15メートルの等高線に沿って山裾に敷設されている。しかも線路は、淀川の河岸段丘と見まがうばかりの崖地形の上に敷設されており、考えられた路線選択だったことが見て取れる。事実、新淀川（明治42年竣工）開削のきっかけともなった明治18年の淀川大洪水では、吹田以北の鉄道線路の南東側まで浸水したが、線路付近の土地は高かったため、浸水を免れている。当時、線路が敷設された丘の南東側に広がる低地は、淀川旧河道や淀川水系の中小河川が網の目のように入り組んで流れており、後背湿地だった。川沿いの低地は、現代においても淀川の浸水想定域となっている。

注目すべきは、『東海道筋鉄道巡覧書』では、堂島の鉄道局の隣地を大阪停車場にあてる予定だったということである。大阪を経由しない神戸方面直通線が費用を軽減するとも記していた。明治4年10月、京都出張所から鉄道寮に提出された大阪～敦賀間の鉄道建設に関する報告の中に、

右上：京都～神戸開業式の御召列車。　左上：初代の京都駅舎。　右中：開通当初の桂川橋梁。　右下：現在の桂川橋梁（下り列車から撮影）。下り線は昭和５年、上り線（右端）は大正元年の完成。　中中：明治34年に複線化した上淀川橋梁。中下：現在の上淀川橋梁。右側の上り線は明治34年の橋梁（下り列車から撮影）　左中：初代の大阪駅舎。初の煉瓦造りの駅舎だった。　左下：大阪駅は、平成23年の改造で吹き抜けが設けられ、列車が発着する様子が眺められるようになった。

以下のような記述がある（西から東に記述）。

大阪と京都の間の鉄道は、摂津川辺郡神崎村の西側より大阪～神戸間の鉄道枝線に出て、摂津吹田村の北側を通して山城乙訓郡山崎宿に行き着き、京都八条通の東方、西洞院通《にしのとういんどおり》と東洞院通との間同所ステーションに到着する。

明治4年4月、A・W・U・ブランデルが測量を開始。京都～大阪間の測量結果は『大阪西京之間鉄道建築調書』にまとめられ、明治5年1月に工部省に提出された。この調書で、鉄道頭の井上勝は「甲」「乙」二つの案を挙げている。

「甲路」は、大阪の堂島から、本庄（西成《にしなり》郡本庄村。現在の大阪市北区本庄西付近）を経て直接吹田経由で京都に向かうものであり、「乙路」は、大阪から建設中の神戸線で神崎（現在の尼崎《あまがさき》駅）に出て、そこから東行して吹田に出るルートである。

井上勝は、大阪を直接経由する甲路の方が便利であるとし、甲路を選択するべきだと主張していた。

明治5年2月、太政官（政府）は甲路選択を決定。堂島に予定していた大阪停車場の位置を西成郡曽根崎村《そねさき》（現在の大阪駅の位置）に変更したのは、この決定直後である。

ただ、「乙路」の構想が消えたわけではなかった。吹田～神崎直結線構想はその後も伏流水のように生きつづけ、47年後の大正7年（1918）に北方貨物線として実を結ぶ。途中には、敷地面積約4万4000坪を誇る宮原《みやはら》操車場が昭和8年（1933）に開業している。

工事の着手は明治6年の暮も押し詰まった12月26日。鉄道寮は、『東海道筋鉄道巡覧書』を提出した佐藤与之助を明治4年8月23日付で鉄道助（鉄道頭の下の地位）に任じ、明治5年10月には大阪在勤を申し付け、阪神間の工事を担当させた。明治7年5月11日の阪神間の鉄道開通を見届けると、5月28日付で京都在勤を命じられ、京阪間の工事にあたることになった。有能だった証である。

京都の西隣の向日町《むこうまち》（京都府向日市）と大阪とを結ぶ22哩57鎖（36・6キロ）の区間が開業したのは、明治9年7月26日。開業当日の停車場は、城下町の高槻ただひとつで、山崎・茨木・吹田に停車場が開設されるのは8月9日である。古くから寺内町の歴史を持ち、京阪間随一の大集落を誇った富田《とんだ》（摂津富田）に停車場ができるのはずっと遅れ、半世紀後の大正13年だった。因みに京阪間の平野部の区間で最も標高の高い土地は富田付近で、標高22メートルに達している。同じ台地上には太田茶臼山古墳《おおだちゃうすやま》（継体天皇陵に治定）や今城塚古墳《いましろづか》もあり、古くから拓けていた土地だった。

この区間の工事では、廃城となった高槻城の石垣の石材（御影石）を、管理する内務省から譲り受けて使用している。城跡には、明治42年に陸軍工兵第四大隊が伏見から移駐してくるが、目ぼしい石垣は鉄道工事ですでに失われていた。模擬天守台はじめ、現在城跡にある石垣は、近年積まれた石材である。

向日町～大阪開業から約1ヶ月後の9月5日には、京都駅の西40鎖（約800メートル）の位置にある大宮通《おおみやどおり》に仮停車場（現在の京都貨物駅付近）が設置され、大宮通仮停車場～向日町間3哩47鎖（約5・8キロ）が延伸開業。これで京阪神を結ぶ鉄道がほぼ開通したことになる。

明治10年2月5日、待望の京都停車場が落成。京都～大阪26哩64鎖（約43・1キロ）が開業することで、京都～神戸間約75キロが全面開業することになった。一般開業を翌日に控えたこの日、明治天皇臨御のもと、京阪神鉄道開業式典が盛大に挙行されている。

淀川の改修と線路付け替え

現在の淀川下流部は、明治18年（1885）の淀川大洪水をきっかけに造成された放水路である。それまで淀川の本流は、大川、堂島川、安治川《あじがわ》と名前を変えて大阪城の北から堂島を曲流して大阪湾に注いでいた（安治川も江戸時代に開削された人工水路である）。明治時代の地形図を見ると、すでに淀川下流部は放水路に付け替えられて「新淀川」と表記されているが、それ以前は中津川（十三川《じゅうそうがわ》）などと呼ばれた淀川の分流がこの付近を曲流していた。放水路の完成は明治42年だが、新水路開削と新淀川への新規架橋（明治34年）に合わせて線路が付け替えられた痕跡が当時の地形図に残っている。

最初に鉄道が架橋された十三川橋梁は、放水路開削で廃川となったため、新淀川に架橋された長柄《ながら》橋（道路橋）と十三橋（道路橋。厳密にいえば、転用されたのは、十三橋の延長にあった長柄運河に架かる部分）に転用された。

大正2年（1913）に北方貨物線が開通したのと同時期に、淀川沿いに敷設されていた吹田～大阪（淀川の北詰）間の線路付け替えが実施されている（開通年は大正元年と大正2年の二説ある）。新線付け替え目的は曲線緩和だったといわれるが、時期的に見て、北方貨物線との接続を考慮した目的があったのだろう。現在の東海道本線で最も標高の低い駅（路盤面）は新大阪駅（標高2・07メートル）だが、ここは付け替えられた新線上に位置している。

旧線の大半は、大正10年に開業した北大阪電気鉄道線（現在の阪急千里線、阪急京都本線の一部）の路盤として使用されたが、旧・新線の接続部分では、廃止から100年以上経った今でも赤煉瓦を用いた旧線の遺構が残っている。

阪急千里線下新庄駅そばの煉瓦の架道橋もおそらく東海道本線の遺構である。

吹田駅の先から南に折れていた旧線の軌道跡。静かな生活道路になっている。

明治７年に開通した阪神間に架橋された十三川橋梁の一部が転用された浜中津橋。

阪急千里線新神崎川橋梁。東海道本線の旧ルートで、一部の橋脚は当時の遺構。

京都～大阪

淀城
天王山
大山崎町
桂川
宇治川
山崎
木津川
京都府
水無瀬川
島本
鳩ケ峰
石清水八幡宮
大谷川
檜尾川
高槻
船橋川
高槻城
山田池
穂谷川
大阪府
淀川
天野川

0 500 1000 m
竜王山
原盆地
関西電力
北大阪変電所
阿武山
鉢伏山
芥川
安威川
今城山古墳
太田茶臼山古墳
摂津富田
茨木川
普門寺
教行寺
茨木
万博記念公園
安威川
玉川
大正川
千里丘
新幹線鳥飼車両基地
岸辺

0 500 1000 m
服部緑地
岸辺
天竺川
安威川
吹田
神崎川
糸田川
P147
阪急千里線
旧猪名川
東淀川
新大阪
神崎川
淀川
宮原操車場
北方貨物線
P145
塚本
本庄
浜中津橋
中津
P147
P145
大阪
大川
大阪府
城北川（城北運河）
寝屋川
堂島
堂島川
当初の予定線
土佐堀川
第二寝屋川
大坂城
平野川
平野川分水路（城東運河）
安治川
生国魂神社
木津川
尻無川
四天王寺

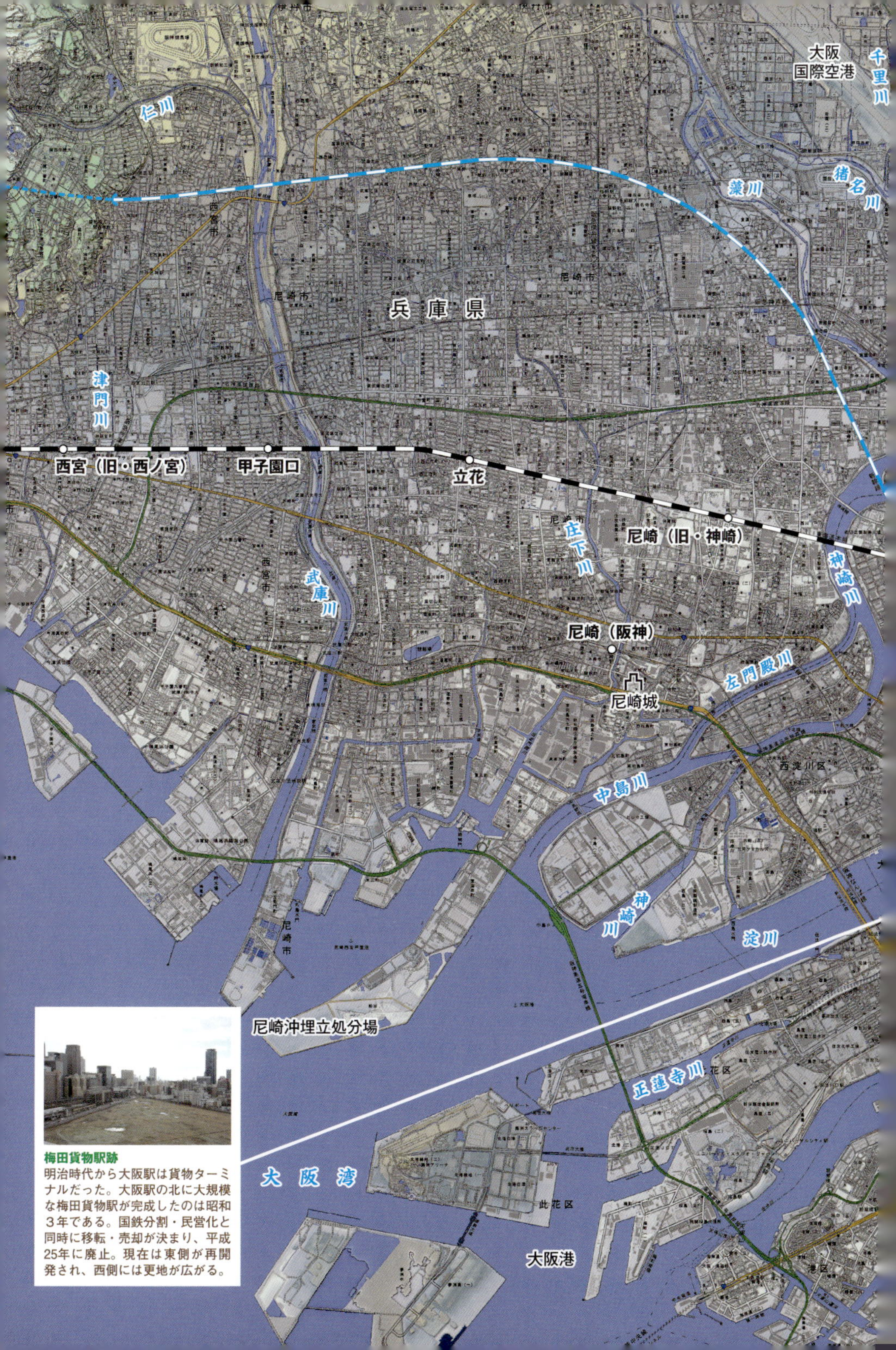

梅田貨物駅跡
明治時代から大阪駅は貨物ターミナルだった。大阪駅の北に大規模な梅田貨物駅が完成したのは昭和3年である。国鉄分割・民営化と同時に移転・売却が決まり、平成25年に廃止。現在は東側が再開発され、西側には更地が広がる。

◉大阪〜神戸

大阪を出た列車は、半径400メートルの急曲線で右に折れ、淀川を渡る。そこからはしばらく標高2メートル台の低地がつづいている。

関西の鉄道で大阪〜神戸間が最初に着工したのは、新橋〜横浜間を真っ先に着工したのと同じ理由である。両者ともに来るべき両京幹線の資材運搬線という目論見があり、大都市と開港場を結ぶという共通点があった。江戸時代の東海道が江戸と京師《けいし》（京都）だったのに対し、明治の鉄道が東京（新橋）〜神戸の区間をもって東海道本線と称したのは、官営鉄道の建設経緯によるところが大きかった。

大阪〜神戸間の測量が始まったのは、明治3年（1870）7月である。責任者は、工部省鉄道寮建築副長ジョン・イングランド。測量の拠点となる鉄道掛の出張所は、大阪天満堀川の旧備前岡山藩邸と神戸外国人居留地の旧英国領事館に置かれた。

路線調査への妨害はしないよう、兵庫県（神崎川以西を所管）が事前通告していたにもかかわらず、沿線住民の反発は少なくなかった。西宮の酒造家からは、石炭の煙で酒が腐るという理由で反対運動が起きたという。鉄道は、当時の西宮市街を大きく北に迂回して敷設された。

最も早期に敷設された阪神間の官営鉄道は、徹頭徹尾地形に寄り添って建設された。「川はできるだけ中流部を直角に渡る。平坦で地盤の堅固な山裾に線路を敷く」といった原則を貫徹しているのだ。技術的にも、市街地を縫うように敷設する余裕などなかった。事実、当時存在していた城下町や繁華街、集落をことごとく無視して線路は敷設されている。

尼崎など、官営鉄道と私設鉄道双方の特徴が現われた最たるものであろう。現在のJR尼崎駅が開業したのは、明治7年6月だった。当時の名称は神崎停車場。停車場の所在地が川辺《かわべ》郡神崎村（現在は尼崎市の一部）だったからである。神崎駅が尼崎駅と改称されたのは、開業から75年後の昭和24年（1949）。停車場のあった神崎村は、明治22年の町村制発足とともに周辺村落と合併して小田《おだ》村となり、昭和11年に尼崎市の一部となった。

一方、鉄道の恩恵から取り残された市街地を丹念に拾うかたちで、海岸沿いに線路を敷設した阪神電気鉄道線が開業するのは、官営鉄道開業から約30年後の明治38年4月である。このとき尼崎市街近くに尼崎停車場が開業している。

右上：開通当時の芦屋川隧道。当初単線で敷設されたが、トンネルは最初から複線の規格だった。　中：芦屋川隧道の現況。ほぼ同位置（芦屋駅ホーム）から撮影。川底を通るトンネルとは思えない。　左上：トンネルの真上にはまぎれもなく芦屋川が流れていた（現況）。河床と軌道の標高差は５ｍ以上ある。　右中：開通当時の住吉川隧道。単線トンネルだった。　右下：住吉川隧道の現況（上り列車から撮影）左中：日本初の鉄道トンネルとして完成した石屋川隧道。　左下：石屋川隧道は大正８年の複々線化に際して橋梁化（下り列車から撮影）

工事の着手は西ノ宮（現・西宮）以西で明治4年2月だったが、路線決定の遅れなどで、一部区間は明治6年になっても工事は始まらなかった。

当初、停車場の位置を、大阪側は堂島三・四・五丁目、神戸側を元福原の湊川《みなとがわ》と宇治川《うじがわ》との間に定めた。ところが、神戸の予定地が高潮被害で使用不能になったため、隣接する相生町《あいおいちょう》に変更されている。大阪停車場の予定地も、線路建設途中の明治5年2月に京都～大阪間の線路位置が内定したため、前述のように堂島河畔から曽根崎村の梅田に変更している。堂島河畔の方が、神戸から淀川を渡った線路は自然なゆるやかなカーブを描いて停車場に到着し、なおかつ大阪市街と近接していたが、京都方面にそのまま線路を延ばすため、移転はやむをえなかった。

大阪停車場から西ノ宮の西の夙川付近までは、標高10メートルにも満たない低地帯を、点在する海沿いの集落など脇目も振らずに、水田地帯の真ん中に築堤を建設して突っ切っている。その先、六甲山地が背後に迫る西ノ宮以西では、標高20メートルの等高線に沿うように西に向かっている。明治初年の先達は、ひたすら原則に忠実に、最適な場所に線路を敷設していたことがわかる。

西ノ宮から先は10パーミルの勾配が存在し、しだいに六甲山地の山裾に近づき、上り基調となる。現在はすっかり市街地に囲まれてしまったが、西ノ宮以西はいくつもの扇状地から成り立っていた。沿線には山裾に時おり農村集落が点在するだけだった。現在の阪神間の最高所は石屋川《いしやがわ》の橋梁上で、標高43メートルに達する。石屋川の標高が飛び抜けて高いのは天井川だったからで、かつては芦屋川・住吉川と同じく、河床の下をトンネルで通り抜けていた。

これらの川は扇状地の河川特有の特徴で、平常時はほとんど水が涸《か》れているが、豪雨の際は濁流となり六甲山地から大量の土砂を押し流してくるのだった。古くから水害を防ぐ目的で、両岸に堤を築き、そのため、河床がますます高くなっていったのである。

最初の鉄道トンネルは、今でいう開削工法が採用された。半分ずつ石屋川のトンネルの部分の土砂を削り取り、煉瓦でトンネル内壁を構築した後で埋め戻したらしい。ごく短く（石屋川隧道で200呎〔61メートル〕）、普段水が涸れている河川だから可能だった。住吉川（165呎〔50メートル〕）と芦屋川（365呎〔111メートル〕）は現在もトンネルだが、最初に完成した石屋川隧道は、鉄道高架化に合わせて昭和51年に橋梁化されたため、姿を消した（高架線の強度保持のため埋設）。

扇状地の傾斜地が高級住宅地として脚光を浴びるのは、鉄道敷設からずっと後年の明治後期である。江戸末期の堤防築造と明治半ばの六甲山地の砂防工事施工が背景にあった。それまでは土石流災害が絶えなかったのである。

阪神間の鉄道工事は円滑に進んではいなかった。鉄道ルートが確定していなかったこともあったが、請負業者を仲介せず直接鉄道人夫を雇って役人の下で働かせたことがうまくいかない主因だったらしい。無定見に集められた人夫は、統率する頭《かしら》もおらず、組織も訓練も経験もない素人の烏合《うごう》の衆《しゅう》でしかなかったのだ。

工事の遅延や現場指揮の不徹底などの問題が山積し、鉄道頭の井上勝は東京で焦燥の日々を送っていた。当初の現地責任者だった鉄道助の橋本則順は明治5年2月に罷免され、鉄道助の河口淳と七等出仕の和田義比《よしちか》が大阪に送られ、鉄道助となった田尻義隆が神戸駐在として現地指揮をとることになった。明治6年5月には鉄道権助（井上のすぐ下の重役）の花房端連《はなぶさまさつら》を大阪駐在に送っている。それでも足りなかったか、しびれを切らした井上は、みずから陣頭指揮を執るべく、鉄道寮の大阪移転を提案する。だが、直属の上司にあたる工部少輔の山尾庸三に反対され、思いつめた井上は、明治6年7月22日付で鉄道頭の職を辞している。憤懣やるかたない井上は、岩倉使節団の副使として外遊中の伊藤博文に一連の経緯をしたためた。驚いた伊藤は、帰国するとともに周囲を説き伏せ、井上を明治7年1月に鉄道頭に復帰させ、翌2月には鉄道寮の大阪移転を認めさせた。すぐに関西に居を移した井上は、水を得た魚のように連日現場を督励して回った。

のちの京阪間の鉄道敷設に際しては、阪神間の工事でよほど懲りたのだろう。工事遅延の原因となった人夫の直採用はせず、請負業者による仲介という旧来の手法に戻している。井上勝は、多少の金がかかっても請負業者を介した方が、鉄道工事が円滑に進むことを体得していた。

上：初代の神戸駅舎。　中：昭和５年に完成した神戸の３代目駅舎。スクラッチタイルを用いた重厚な外観。　下右：高架線の下とは思えない広々とした内部。　下左：東海道本線と山陽本線のキロポスト。

難航した大阪〜神戸間20哩27鎖（32・7キロ）の鉄道が開業したのは明治7年5月11日である。途中の停車場は西ノ宮と三ノ宮だけだったが、翌6月には神崎と住吉停車場が開業している。

開設当時の三ノ宮は、現在の元町《もとまち》駅付近にあった。現在地に移転するのは昭和6年である（元町駅は昭和9年の開設）。三ノ宮の由来になった三宮神社が元町駅寄りに鎮座するのは、こうした事情を反映している。

終着駅の神戸は、昭和5年に完成した高架駅である。貴賓室もあり、吹き抜けの天井からはシャンデリア風の照明が下がる。東口一帯も、かつてはすべて停車場の敷地で、扇状に線路が広がり、修繕工場などもあった。鉄道開業当初の新橋停車場そっくりの風景が展開していたのだ。5番線の南には、東京からの旅路をねぎらうかのように、「東京起点589K340M」と記したキロポストが埋め込まれている。

六甲トンネル
広田神社
夙川
津門川
武庫川
西宮（旧・西ノ宮）
甲子園口
芦屋川トンネル
P153
P153
さくら夙川
東川
西宮神社
芦屋
甲南山手
摂津本山
芦屋川
兵庫県
六甲アイランド
尼崎沖埋立処分場
大阪湾
神戸沖埋立処分場

六甲山地
打越山
摩耶山
住吉川
石屋川
住吉川トンネル
P153
P153
住吉
石屋川橋梁
都賀川
六甲道
西郷川
摩耶（旧・灘→東灘）
新神戸
灘
生田川
神戸トンネル
生田神社
三ノ宮（現）
宇治川
三宮神社
元町（旧・三ノ宮（初代））
神戸
P155
山陽本線
神戸港
ポートアイランド
0 500 1000 m
神戸空港

おわりに

寒ノ目山隧道（356m）を出て、白糸川橋梁（199m）にさしかかる上り列車。根府川駅から撮影。

ここ数ヶ月、東海道本線を何度も往復した。ふだんは東海道新幹線を利用することが多いが、地形に寄り添って敷設された東海道本線にじっくり乗ってみると、沿線のことを知った気でいたその理解がいかに浅薄だったか、身をもってわかった。ゆっくりと移りゆく風景や地形、乗り降りを繰り返す車内の乗客の言葉の変化……。駅で降りて沿線を歩いてみると、車窓から眺めた風景ともまた違っていた。驚きを禁じえなかった。

この本は、多くの研究者・趣味人による先行研究の積み重ねの上に成立している。なかでも、井戸田弘、森信勝、青木栄一各氏の独創的な鉄道史研究には、非常な刺激と示唆を受けた。深く感謝を申し上げる。

本書は終点までたどり着いたわけだが、鉄道の旅はまだまだ終わらない。最後まで著者におつきあいいただいた読者には、鉄道紀行の第一人者だった宮脇俊三氏が好んで揮毫したこの言葉を捧げたい――「終着駅は始発駅」と。

２０１６年3月

竹内正浩

おもな参考文献

青木栄一『鉄道忌避伝説の謎』吉川弘文館　2006
熱海市史編纂委員会／編『熱海市史　下』熱海市　1968
井戸田弘『東海地方の鉄道敷設史』自費出版　2010
井戸田弘『日本鉄道成立史』自費出版　2012
老川慶喜『井上勝』ミネルヴァ書房　2013
小野田滋『鉄道構造物探見』JTB出版事業局　2003
蒲郡市誌編纂委員会／編『蒲郡市誌　資料編』蒲郡市　1976
刈谷市史編さん編集委員会／編『刈谷市史』3　刈谷市　1993
鉄道省熱海建設事務所『丹那隧道工事誌』鉄道省熱海建設事務所　1936
鉄道省熱海建設事務所／編『丹那トンネルの話』工業雑誌社　1934
鉄道図書刊行会『鉄道ピクトリアル』2004年9月号　鉄道図書刊行会　2004
日本国有鉄道総裁室修史課／編『日本国有鉄道百年史』1・2・年表　日本国有鉄道　1969–1972
日本国有鉄道総裁室修史課／編『日本国有鉄道百年写真史』日本国有鉄道　1972
原剛『明治期国土防衛史』錦正社　2002
別冊歴史読本『懐かしの東海道本線』新人物往来社　2001
宮脇俊三・原田勝正／編『日本鉄道名所　勾配・曲線の旅 4　東海道線』小学館　1986
宮脇俊三／編『鉄道廃線跡を歩くX』JTB出版事業局　2003
村井正利／編『子爵井上勝君小伝』井上子爵銅像建設同志会　1915
森信勝『静岡県鉄道興亡史』静岡新聞社　1997
焼津市／編『やきつべ　市制施行50周年記念写真集』焼津市　2001
山北町地方史研究会『足柄乃文化』11・23・33号　山北町地方史研究会　1976–2006
歴史群像シリーズ『鉄道路線はこうして生まれる』学習研究社　2007

竹内正浩（たけうち・まさひろ）

1963年、愛知県生まれ。文筆家。地図と鉄道、近現代史研究をライフワークとする。
著書『地図と愉しむ東京歴史散歩』『地図と愉しむ東京歴史散歩　都心の謎篇』『地図と愉しむ東京歴史散歩　地形篇』『地図と愉しむ東京歴史散歩　お屋敷のすべて篇』（以上、中公新書）、『写真と地図でめぐる軍都・東京』（NHK出版新書）、『カラー版　空から見える東京の道と街づくり』（じっぴコンパクト新書）、『空から見る戦後の東京』（実業之日本社）、『地図で読み解く日本の戦争』『鉄道と日本軍』（以上、ちくま新書）、『地図で読み解く東京五輪』（ベスト新書）、『地形で読み解く鉄道路線の謎　首都圏編』（JTBパブリッシング）、『日本の珍地名』『地図もウソをつく』『戦争遺産探訪　日本編』（以上、文春新書）、『地図だけが知っている日本100年の変貌』（小学館101新書）、『地図で読み解く戦国合戦の真実』（小学館）、『江戸・東京の「謎」を歩く』（祥伝社）など。

地形《ちけい》で謎解《なぞと》き！「東海道本線《とうかいどうほんせん》」の秘密《ひみつ》

2016年3月10日　初版発行

著　者　竹内《たけうち》 正浩《まさひろ》
発行者　大橋 善光
発行所　中央公論新社
〒100-8152　東京都千代田区大手町1-7-1
電話　販売 03-5299-1730　編集 03-5299-1930
URL http://www.chuko.co.jp/

DTP　平面惑星
印　刷　三晃印刷
製　本　小泉製本

Published by CHUOKORON-SHINSHA, INC.
Printed in Japan　ISBN978-4-12-004832-6 C0065

定価はカバーに表示してあります。落丁本・乱丁本はお手数ですが小社販売部宛お送り下さい。送料小社負担にてお取り替えいたします。